Q&A
法人登記の実務

NPO法人

吉岡誠一 著

日本加除出版

第 3 版 は し が き

　特定非営利活動法人について規定する特定非営利活動促進法の一部を改正する法律（平成 28 年法律第 70 号。以下「改正法」という。）が、平成 28 年 6 月 7 日に、組合等登記令の一部を改正する政令（平成 30 年政令第 270 号）が平成 30 年 9 月 27 日に、それぞれ公布されました。

　改正法では、特定非営利活動の一層の健全な発展を図るとともに、特定非営利活動法人の運営の透明性を確保するため、認証の申請手続の見直し等による特定非営利活動法人の負担軽減や、情報公開の一層の推進を図る旨の見直しがされています。改正内容のポイントを挙げると、仮認定特定非営利活動法人の名称が特例認定特定非営利活動法人と改められ、特定非営利活動法人の認証の申請手続における添付書類の縦覧期間の短縮、認定特定非営利活動法人等の海外への送金又は金銭の持出しに係る書類の所轄庁への事前の提出が不要とされるとともに、特定非営利活動法人における事業報告書等の備置期間の延長、及び特定非営利活動法人に対し貸借対照表の公告が義務付けられました。また、特定非営利活動法人の活動状況に関する情報の提供を充実させ、特定非営利活動法人に対する信頼性の向上が図られるよう、所轄庁及び特定非営利活動法人に対し、内閣府ポータルサイトに記録することにより、当該情報の積極的な公表に努めるものとされています（皆川治之「NPO 活動の健全な発展を図るとともに、NPO 法人運営の透明性を確保」時の法令 2021 号 19 頁以下）。なお、貸借対照表の公告が義務付けられたことに伴い、別途、組合等登記令の改正が行われ、特定非営利活動法人の登記事項から資産の総額が削除されました。

　改正法は、平成 29 年 4 月 1 日から施行されています。ただし、内閣府ポータルサイトを活用した積極的な情報の公表に努めるものとする規定（72 条 2 項）は、改正法の施行の日（平成 28 年 6 月 7 日）から、

また、貸借対照表の公告及びその方法に関して定める規定（28条の2）及び改正組合等登記令については、平成30年10月1日から施行されています。特定非営利活動法人は、その活動も福祉、医療、教育、文化、まちづくり、環境、国際協力など様々な分野にひろがっており、ボランティア活動などを担う法人制度として社会に着実に定着しています。そのようなことから、今後も特定非営利活動法人を設立しようと考えて活動されている方々も多くおられるのではないでしょうか。

そこで、本書では、第1章で、今般の非営利活動促進法等の改正内容、また、第2章では、特定非営利活動法人制度のあらましについて説明し、第3章以下で、近年の登記手続法令の改正を踏まえたNPO法人の設立、理事の変更等の登記実務の詳細について、登記申請書、添付書面等のひな形を数多く掲載し、Q＆A形式で、解説を試みました。

本書が、登記実務に携わる専門家の方々はもとより、これから特定非営利活動法人を設立しようと考えられている方々の手引書として広く活用していただければ幸いです。

　　令和2年4月

　　　　　　　　　　　　　　　　　　　吉　岡　誠　一

新版はしがき

　本書を刊行して2年が経過しようとしています。

　その間、特定非営利活動促進法の一部を改正する法律、特定非営利活動促進法施行令及び特定非営利活動促進法施行規則が公布され、本年4月1日から施行されています。

　法改正は、NPO法人の活動の健全な発展をより一層促進するために行われたものであるとされ、これに伴って、法人登記事務の取扱いについても、①特定非営利活動の種類の追加、②所轄庁の変更、③理事の代表権に関する登記手続の変更、④認定制度及び仮認定制度の導入、それに⑤施行令の施行の際現に存する特定非営利活動法人に関する代表権の範囲又は制限に関する定めに関する事項の登記の経過措置が設けられて、当該定めに関する登記義務が課せられる等、大幅な変更が加えられました。

　本書は、これらの法改正に係る規定の内容及び登記手続について解説するとともに、今回、本書の内容を改めて見直し、初版刊行時には十分でなかった登記手続に関しても大幅に補充しています。

　本書が、引き続き法人登記の実務に携わる方々の参考となれば幸いであります。

　　平成24年6月

　　　　　　　　　　　　　　　　吉　岡　誠　一

は　し　が　き

　法務局又は地方法務局の法人登記部門では、会社及び会社以外の各種法人に関する登記を扱っていますが、本書で法人登記という場合には、会社以外の各種法人登記をいいます。

　会社以外の法人としては、身近なものとしてよく耳にするものとして、医療法人（医療法）、社会福祉法人（社会福祉法）、学校法人（私立学校法）、宗教法人（宗教法人法）等の法人があります。そして、これらの法人を対象とする法人登記事務については、法人の種類は多いものの、登記事務全体に占める事務量の割合や各法人ごとに設立の根拠法と登記の手続法令が異なることもあって、登記事務の中でも困難な分野のものの一つであるとされています。

　ところで、「NPO 法人」の設立根拠法である特定非営利活動促進法は、平成 10 年 12 月 1 日に施行されましたが、施行以来今日まで、NPO 法人は既に 4 万法人を数え、その活動も福祉、医療、教育、文化、まちづくり、環境、国際協力など様々な分野に広がっており、新たな社会づくりの担い手として、社会に着実に定着してきています。

　そのため、平成 14 年 12 月には、NPO 法人制度のより発展を促進していくための、特定非営利活動促進法の改正（平成 15 年 5 月 1 日施行）がなされ、また、平成 18 年 5 月に公益法人制度改革関連法（一般社団法人及び一般財団法人に関する法律、公益社団法人及び公益財団法人の認定等に関する法律、一般社団法人及び一般財団法人に関する法律及び公益社団法人及び公益財団法人の認定等に関する法律の施行に伴う関係法律の整備等に関する法律等）が成立したことに伴う法改正（平成 20 年 12 月 1 日施行）がなされています。

　本書では、これら法改正をふまえ、NPO 法人の設立、機関、解散及び清算、合併等の登記の手続を Q & A 形式でわかりやすく解説する

とともに、申請書、添付書類等のひな形を掲げ、さらには、NPO 法人を設立するためには、法律に定められた書類を添付した申請書を所轄庁に提出し、設立の認証を受けることが必要である等、いわゆる認可主義が採用されていますので、所轄庁に対する各種認証申請書あるいは事後報告的な届出書についてもその様式を掲げて、説明を加えています。

　なお、今後、登記実務に精通した気鋭の執筆者による、学校法人、医療法人等をはじめとする各種法人の登記実務解説書の刊行が予定され、シリーズ化が考慮されています。

　本書は、NPO 法人についての設立、役員等の変更、合併、解散及び清算人の登記等について解説したものですが、本書が、登記官・司法書士等の実務に携わる専門家の方々はもとより、これから法人を設立しようと考えられている方々の手引書として広く利用していただければ幸いです。

　　平成 22 年 8 月

　　　　　　　　　　　　　　　　　吉　岡　誠　一

目　　次

─第1章─
─改正特定非営利活動促進法等の概要─

第1 特定非営利活動促進法の改正について

平成28年に特定非営利活動促進法が一部改正されまし
たが、改正法による主な改正点と登記実務の取扱いにつ
いて教えてください。

1 概　説

　特定非営利活動の一層の健全な発展を図るとともに、特定非営利活動
法人（以下「NPO法人」という。）の運営の透明性を確保するため、特定
非営利活動促進法（以下「NPO法」という。）の一部を改正する法律（平
成28年法律第70号。以下「改正法」という。）が平成28年6月1日に成
立し、同月7日に公布されています。

　改正法は、平成29年4月1日から施行されていますが、NPO法72
条2項の規定は、それ以前の、改正法の公布の日である平成28年6月
7日から施行されています。また、NPO法28条の2の規定は平成30
年10月1日から施行されています。

　NPO法は、ボランティア活動を支援する新たな制度として平成10年
に制定されましたが、その後数度の改正を経ています。平成23年改正
では、所轄庁の変更、認定事務の移行などの制度改革が行われるととも
に、理事の代表権に関する登記実務の取扱い等について変更されていま
す。

　今回の改正では、NPO法人の認証の申請手続における添付書類の縦
覧期間が短縮されましたし、NPO法人における事業報告書等の備置期
間が延長され、また、NPO法人に対し貸借対照表の公告が義務付けら
れました。そして、NPO法人が貸借対照表を公告しなければならない
とされたことに伴い、組合等登記令が改正されて、登記事項である「資

産の総額」が登記事項から削除されました。

　そのほか、認定特定非営利活動法人（以下「認定NPO法人」という。）等の海外への送金又は金銭の持出しに係る書類の所轄庁への事前の提出が不要とされ、仮認定特定非営利活動法人の名称が「特例認定特定非営利活動法人」と改められました。

2　NPO法の主な改正点

(1)　NPO法人制度に関する事項

ア　認証申請時の添付書面の縦覧期間の短縮等（NPO法10条2項等関係）

　　所轄庁が行う認証申請の添付書類の縦覧期間が1か月間（改正前は2か月間）に短縮されるとともに、現行の公告（所轄庁の公報への掲載。皆川治之「NPO活動の健全な発展を図るとともに、NPO法人の運営の透明性を確保」時の法令（以下、「皆川・時の法令」という。）2021号20頁）に加えてインターネットによる公告が可能となりました。なお、申請書類の軽微な不備の補正期間も2週間（改正前は1か月間）に短縮されました。

　　NPO法人を設立しようとする者は、NPO法10条1項に規定されている定款その他の書類を添付した申請書を所轄庁に提出して、設立の認証を受けなければならないとされています（NPO法10条1項）。認証されたNPO法人は、その主たる事務所の所在地において設立の登記をすることによって成立します（NPO法13条1項）。

　　改正前NPO法では、所轄庁は、設立の認証の申請があった場合には、遅滞なく、その旨及び同法10条2項1号及び2号に掲げる事項を公告するとともに、①定款、②役員名簿、③設立趣旨書、④事業計画書、⑤活動予算書を、申請書を受理した日から2か月間、その指定した場所において公衆の縦覧に供しなければならないとされていました（改正前NPO法10条2項）。

　　また、設立の認証に当たり提出された申請書又は当該申請書に添付された書類に不備があるときは、当該申請をした者は、当該不備が都道府県又は指定都市の条例で定める軽微なものである場合に限り、所轄庁が当該申請書を受理した日から1か月を経過するまでの間は、これを補正することができるとされていました（NPO法10条3項）。

　改正法では、NPO 法人の迅速な設立を可能とするため、所轄庁が行う認証申請の添付書類の縦覧期間を改正前の「2 月間」から「1 月間」に短縮するとともに、現行の公告に加えて「インターネットの利用による公表」を措置し、所轄庁がそのいずれかを選択することができることとされました（NPO 法 10 条 2 項）。

　また、申請書類の軽微な不備の補正期間を「1 月間」から「2 週間」に短縮しています（同条 3 項）。

　改正後の NPO 法 10 条 2 項及び 3 項の規定は、「特定非営利活動促進法の一部を改正する法律の施行期日を定める政令」（平成 28 年政令第 369 号）により、平成 29 年 4 月 1 日から施行されています。

イ　貸借対照表の公告及びその方法（NPO 法 28 条の 2 関係）

　NPO 法人は、NPO 法 28 条 1 項の規定による前事業年度の貸借対照表の作成後遅滞なく、定款で定める方法により、当該貸借対照表を公告しなければならないとされました（NPO 法 28 条の 2 第 1 項）。これに伴い、組合等登記令が改正され、NPO 法人の登記事項から「資産の総額」が削除されました。

　NPO 法人は、次の公告の方法のうちから、貸借対照表の公告の方法を定款で定める必要があります。

①　官報に掲載する方法（NPO 法 28 条の 2 第 1 項 1 号）

②　時事に関する事項を掲載する日刊新聞紙に掲載する方法（同項 2 号）

③　電子公告（同項 3 号）

　　法人のホームページのほか、所轄庁や内閣府が運営するポータルサイトを利用して公告することも可能であるとされています（皆川・時の法令 2021 号 25 頁）。

④　内閣府令で定める方法（同項 4 号）

　　内閣府令では、NPO 法人の主たる事務所の公衆の見やすい場所に掲示する方法とされています（NPO 法施行規則 3 条の 2 第 2 項）。

　　この方法による公告は、当該公告の開始後 1 年を経過する日までの間、継続してしなければならないとされています（同規則 3 条の 2 第 3 項）。

公告は、貸借対照表の全文を公告することを原則としていますが、公告の方法として、官報又は日刊新聞紙を選択したNPO法人については、貸借対照表の全文ではなく、その要旨を公告すれば足りるとされています（NPO法28条の2第2項）。

　また、NPO法人が電子公告の方法を貸借対照表の公告の方法とする旨を定款で定める場合には、事故その他やむを得ない事由によって電子公告による公告をすることができない場合の公告の方法として、官報又は日刊新聞紙のうちいずれかの方法をあらかじめ定款で定めておき、当該方法によって公告することができるとされています（同条3項）。貸借対照表の電子公告は、NPO法28条1項の規定による前事業年度の貸借対照表の作成の日から起算して5年が経過した日を含む事業年度の末日までの間、継続して公告をしなければならないとされています（同条4項）。

　なお、公告の中断が生じた場合には、原則としてその公告は無効であると解されています（皆川・時の法令2021号26頁）が、次の3つの要件のいずれをも満たす公告の中断については、公告の効力に影響を及ぼさないとされています（同条5項）。

　①　公告の中断が生ずることにつき、NPO法人が善意でかつ重大な過失がないこと又はNPO法人に正当な事由があること
　②　公告の中断が生じた時間の合計が公告期間の10分の1を超えないこと
　③　NPO法人が公告の中断が生じたことを知った後速やかにその旨、公告の中断が生じた時間及び公告の中断の内容を、当該電子公告による公告に付して公告したこと

　NPO法28条の2の規定は、「特定非営利活動促進法の一部を改正する法律の一部の施行期日を定める政令」（平成29年政令第300号）により、平成30年10月1日から施行されています。

ウ　事業報告書等の備置期間の延長等（NPO法28条1項、30条関係）
　NPO法人事務所における事業報告書等（事業報告書、活動計算書、貸借対照表、財産目録、年間役員名簿、社員名簿（前事業年度末日における社員のうち10人以上の者の氏名等を記載した書類））の備置期間が「翌々事業年度の末日まで」（約3年間）から、「作成の日から起算し

て5年が経過した日を含む事業年度の末日までの間」（約5年間）に延長されました（NPO法28条関係）。また、改正前のNPO法30条では、所轄庁に対し、NPO法人から過去3年間に提出を受けた事業報告書等の閲覧・謄写に応じる旨を義務付けていますが、NPO法人事務所における事業報告書等の備置期間の延長に併せて、所轄庁で閲覧・謄写できる書類についても、過去3年間に提出を受けたものから、過去5年間に提出を受けたものに延長されました（NPO法30条関係）。

㋐　NPO法人事務所における備置期間の延長（NPO法28条）

　　改正前NPO法では、NPO法人は、毎事業年度初めの3月以内に、都道府県又は指定都市の条例で定めるところにより、前事業年度の事業報告書、計算書類及び財産目録並びに年間役員名簿（前事業年度において役員であったことがある者全員の氏名及び住所又は居所並びにこれらの者についての前事業年度における報酬の有無を記載した名簿をいう。）並びに前事業年度の末日における社員のうち10人以上の者の氏名（法人にあっては、その名称及び代表者の氏名）及び住所又は居所を記載した書面（以下「事業報告書等」という。）を作成し、これらを、翌々事業年度の末日までの間、NPO法人の事務所に備え置かなければならないとされていました（改正前NPO法28条1項）。

　　改正法では、NPO法人が事業報告書等を事務所に備え置く期間を、改正前の「翌々事業年度の末日までの間」から、「その作成の日から起算して5年が経過した日を含む事業年度の末日までの間」に延長されました（NPO法28条1項）。

　　なお、NPO法人は、都道府県又は指定都市の条例で定めるところにより、役員名簿（役員の氏名及び住所又は居所並びに各役員についての報酬の有無を記載した名簿）及び定款等（定款並びにその認証及び登記に関する書類の写し）を、その事務所に備え置かなければならないとされ（同条2項）、当該法人の社員その他の利害関係人から、事業報告書等、役員名簿、定款等の閲覧の請求があった場合には、正当な理由がある場合を除いて、閲覧させなければならないとされています（同条3項）。

(イ) 所轄庁における公開制度の延長（NPO法30条）

　　NPO法人は、都道府県又は指定都市の条例で定めるところにより、毎事業年度1回、事業報告書等を所轄庁に提出しなければならないとされており（NPO法29条）、改正前NPO法では、所轄庁に対し、NPO法人から過去3年間に提出を受けた事業報告書等の閲覧・謄写に応じる旨を義務付けています（改正前NPO法30条）。

　　改正法では、NPO法人から提出された事業報告書等を所轄庁において閲覧・謄写できる期間を、「過去3年間」から「過去5年間」に延長しています（NPO法30条）。

(ウ) NPO法28条1項及び30条の改正規定の施行日は、平成29年4月1日から施行されています。

(2) 認定制度・仮認定制度に関する事項

　　所轄庁の認定を受けたNPO法人は、認定特定非営利活動法人と称され（NPO法2条3項）、また、NPO法人であって新たに設立されたもののうち、その運営組織及び事業活動が適正であって特定非営利活動の健全な発展の基盤を有し公益の増進に資すると見込まれるものは、所轄庁の仮認定を受けることができるとされ（NPO法58条1項）、この仮認定を受けたNPO法人は、仮認定特定非営利活動法人を称されていました（改正前NPO法2条4項）。

　　改正法では、「仮認定特定非営利活動法人」の名称が「特例認定特定非営利活動法人」と改められました（改正NPO法2条4項）。

　　また、従前、認定NPO法人等による200万円超の海外送金等については、その都度、事前に書類の備置き及び所轄庁への提出が課せられていましたが、改正法では、この事前提出等が不要とされ、金額にかかわらず毎事業年度1回の事後提出とされました（NPO法2条3項）。

　　そのほか、改正法では、認定NPO法人に対する前事業年度の役員報酬規程、職員給与支給に関する規程などNPO法54条2項2号から4号の書類及び助成金の支給を行ったときに作成する助成の実績を記載した書類（NPO法54条3項）の備置期間が前者に関しては、「翌々事業年度の末日までの間」から「その作成の日から起算して5年が経過した日を含む事業年度の末日までの間」へと延長され、後者

については、「その作成の日から起算して 3 年が経過した日を含む事業年度の末日までの間」から「その作成の日から起算して 5 年が経過した日を含む事業年度の末日までの間」へと延長されています（NPO法 54 条 2 項・3 項）。

　また、上記書類の所轄庁で閲覧・謄写できる書類についても、過去 3 年間に提出を受けたものから、過去 5 年間に提出を受けたものに延長されています（NPO 法 56 条）。

ア　NPO 法人とは

　NPO 法人とは、NPO 法に基づき法人格を取得した法人をいいます。

　すなわち、NPO 法人とは、特定非営利活動（NPO 法別表に掲げる活動に該当する活動であって、不特定かつ多数のものの利益の増進に寄与することを目的とするものをいう（NPO 法 2 条 1 項）。）を行うことを主たる目的として法の定めるところにより設立された法人をいいます（同法 2 条）。

　NPO 法人を設立するためには、都道府県又は指定都市の条例で定めるところにより、定款、役員に関する書類、設立趣旨書等の NPO法 10 条に掲げる書類を添付した申請書を所轄庁に提出し、設立の認証を受けることが必要です（NPO 法 10 条）。そして、設立の認証後、その主たる事務所の所在地において設立の登記をすることにより法人として成立することになります（NPO 法 13 条 1 項）。

イ　認定 NPO 法人とは

　NPO 法人（特定非営利活動法人）のうち、その運営組織及び事業活動が適正であって公益の増進に資するものは、所轄庁の認定を受けることができるとされています（NPO 法 44 条 1 項）。この所轄庁の認定を受けた NPO 法人を「認定特定非営利活動法人」（以下「認定 NPO法人」という。）といいます（NPO 法 44 条 1 項）。

　このように、NPO 法人となるためには、所轄庁の認証を受ける必要がありますが、さらに、認定 NPO 法人となるためには、一定の基準に適合するかどうかの審査を受け、所轄庁からの認定を受ける必要があります。

　この認定 NPO 法人制度の目的は、NPO 法人への寄附を促すことにより、NPO 法人の活動を支援することにあるとされます。認定の

有効期間は5年（NPO法51条1項）で、有効期間の満了後引き続き認定NPO法人として特定非営利活動を行おうとする認定NPO法人は、その有効期間の更新の申請をする必要があります（同条2項）。

　ところで、改正前のNPO法54条では、認定NPO法人が海外への送金又は金銭の持出しに関する書類について、①その金額が200万円以下の場合には、毎事業年度1回の所轄庁への事後提出の義務が課せられていますが、②200万円を超える海外送金・金銭の持出しについては、その都度所轄庁への事前提出が必要でした。しかしながら、認定NPO法人等が国際的な活動を活発に行うに当たって、この事前提出に伴う事務作業が負担になっているとの指摘等があったため、改正法では、この200万円を超える海外送金・金銭持出しに関する書類の事前提出制を廃止（NPO法54条4項の削除）し、送金等額の多寡を問わず、毎事業年度1回の事後提出に一本化されました（皆川・時の法令2021号29頁）。

　なお、海外送金等に関する書類については、NPO法54条2項3号の内閣府令で定める事項を記載した書類として事後提出をすることになります（皆川・時の法令2021号30頁）。

　改正前NPO法54条4項を削除する改正規定は、平成29年4月1日から施行されています。

ウ　特例認定NPO法人とは

　特例認定NPO法人とは、新たに設立されたNPO法人のうち、その運営組織及び事業活動が適正であって、特定非営利活動の健全な発展の基盤を有し、公益の増進に資すると見込まれるものは、所轄庁の特例認定を受けることができるとされています（NPO法58条1項）。この所轄庁の認定を受けたNPO法人を「特例認定特定非営利活動法人」（以下「特例認定NPO法人」という。）といっています。特例認定の有効期間は3年で、更新はありません（NPO法60条、61条）。

　ところで、改正前NPO法58条1項では、特定非営利活動法人であって新たに設立されたもののうち、その運営組織及び事業活動が適正であって特定非営利活動の健全な発展の基盤を有し公益の増進に資すると見込まれるものは、所轄庁の仮認定を受けることができるとされ、この仮認定を受けた特定非営利活動法人を「仮認定特定非営利活

動法人」と称することとされていました（NPO法2条4項）。しかし、この「仮認定」という表現は、その状態が通常でないような印象を与える等の指摘があったため（皆川・時の法令2021号32頁）、改正法では、「仮認定特定非営利活動法人」が「特例認定特定非営利活動法人」とその名称が改められました（NPO法2条4項）。

　このNPO法人の名称変更に関する規定の施行日は、「特定非営利活動促進法の一部を改正する法律の施行期日を定める政令」（平成28年政令第369号）により平成29年4月1日から施行されています。なお、改正法の施行日において既に改正前NPO法により仮認定を受けているNPO法人は特例認定を受けたNPO法人とみなされ、その有効期間は、改正前NPO法の仮認定の有効期間の残存期間とされています。また、施行日前にされた仮認定の申請は、改正法の規定によりされた特例認定の申請とみなされ、従前どおりの基準により特例認定が行われることになります（附則1条柱書、5条、9条、10条）。

(3)　役員報酬規程等の備置期間の延長等

　NPO法は、認定NPO法人に対しては、NPO法人に対して備置きが義務付けられている事業報告書等に加えて、様々な書類（NPO法54条2項各号に掲げる書類）の備置きが義務付けられています。これは、認定NPO法人がNPO法人以上に税制優遇を受ける立場に鑑み、より一層の法人の活動に関する情報公開を図る趣旨で設けられた規制であるとされます（皆川・時の法令2021号31頁）。

　改正NPO法では、このような認定NPO法人のみに備置義務がかかっている役員報酬規程等についても、その備置期間を延長するものであり、認定NPO法人事務所における備置期間を、「翌々事業年度の末日までの間」から「その作成の日から起算して5年が経過した日を含む事業年度の末日までの間」へと延長しています（NPO法54条2項）。

　また、認定NPO法人が助成金の支給を行ったときに作成するNPO法54条3項の助成の実績を記載した書面についても、その備置期間を改正前の「その作成の日から起算して3年が経過した日を含む事業年度の末日までの間」から「その作成の日から起算して5年が経過した日を含む事業年度の末日までの間」へと延長されています

（NPO 法 54 条 3 項）。

⑷　所轄庁で公開する書類等の公開期間の延長

　　改正前 NPO 法は、所轄庁は、認定 NPO 法人から過去 3 年間に提出を受けた役員報酬規程等について閲覧又は謄写の請求があったときは、これを閲覧させ、又は謄写させなければならないとしています（改正前 NPO 法 56 条）。

　　改正法では、認定 NPO 法人事務所における役員報酬規程等の備置期間の延長に併せて、所轄庁における公開期間を過去 3 年間から過去 5 年間へと延長しています（NPO 法 56 条）。

　　認定 NPO 法人事務所における役員報酬規程等の備置期間を延長する改正法の規定（NPO 法 54 条 2 項）及び助成の実績を記載した書類の備置期間を延長する改正法の規定（NPO 法 54 条 3 項）並びに所轄庁で公開する（閲覧・謄写に供する。）認定申請添付書類・役員報酬規定等・助成金支給に係る書類の公開期間を過去 3 年間から過去 5 年間へと延長する規定（NPO 法 56 条）等は、「特定非営利活動促進法の一部を改正する法律の施行期日を定める政令」（平成 28 年政令第 369 号）により平成 29 年 4 月 1 日から施行されています。なお、改正後の NPO 法 54 条 2 項及び 56 条の規定は施行日以後に開始する認定 NPO 法人の事業年度に係る役員報酬規定等から適用され、改正後の NPO 法 54 条 3 項及び 56 条の規定は施行日以後に行われる助成金の支給に関する書類から適用されます（附則 1 条柱書、6 条、7 条）。

第2　組合等登記令等の改正等による登記事務の取扱い

1　組合等登記令の改正による登記事項の抹消

組合等登記令の一部を改正する政令（平成30年政令第270号）により、NPO法人の登記事項として規定されていた「資産の総額」が削除されましたが、改正政令の施行の際に現にされている資産の総額の登記は、どうなるのですか。

1　「資産の総額」の登記事項からの削除

NPO法は、NPO法人に対し、「資産の総額」の登記を義務付けており（NPO法7条1項、組合等登記令2条2項6号及び別表）、その趣旨は、①法人の透明性を高めること、②債権者を保護し、取引の安全と円滑が図られることにあるとされています（皆川・時の法令2021号23頁）。このため、NPO法人は、毎事業年度終了後3月以内に資産の総額の変更登記を行うことが求められており（組合等登記令3条3項）、これがNPO法28条1項による毎事業年度終了後3月以内の貸借対照表の作成を義務付けられているNPO法人側の負担となっていたとのことです。また、当該貸借対照表は、NPO法人の事務所に備え置かなければならないとされ、閲覧の請求があった場合には、これを閲覧させなければならないとされている（NPO法28条1項・3項）ため、重ねて登記を求める実益もないのが現状であったと考えられていました（前掲書）。

そこで、改正法では、資産の総額の登記に係るNPO法人の負担を軽減するため（前掲書）、NPO法人はNPO法28条1項の規定による前事業年度の貸借対照表の作成後遅滞なく、定款で定める方法により、当該貸借対照表を公告しなければならないこととしました（NPO法28条の2）。これに伴い、組合等登記令の改正が行われ、NPO法人の登記事項から資産の総額が削除されました（改正前の組合等登記令別表特定非営利活動法人の項登記事項欄中「資産の総額」の削除）。

「資産の総額」が登記事項でなくなったことから、施行（平成30年10

月1日）の際に現にされている「資産の総額」の登記は、登記官が職権で抹消するものとされています（平成30.9.27民商第110号民事局商事課長通知）。

2　印鑑提出者であるNPO法人の代表者の辞任の登記申請書の添付書面

各種法人等登記規則5条において、商業登記規則61条8項の規定が準用されることにより、NPO法人の代表者であって、印鑑提出者である者の辞任による変更の登記の申請書に添付すべき辞任届の真実性を担保するために講じられた措置とは、どのようなものですか。

1　概　説

　商業登記規則等の一部を改正する省令（平成27年法務省令第5号。以下「改正省令」という。）が平成27年2月27日から施行されています。改正省令により、商業登記規則（昭和39年法務省令第23号）につき、株式会社の代表取締役等の辞任による変更の登記の添付書面についての改正（商業登記規則61条8項）が行われ、各種法人等登記規則（昭和39年法務省令第46号）についても、上記の商業登記規則の規定を準用する改正が行われました。

　すなわち、各種法人等登記規則5条において商業登記規則61条8項の規定が準用されることになり、NPO法人の代表者であって印鑑提出者である者の辞任による変更の登記の申請書には、当該代表者の辞任届に押印した印鑑と登記所届出印とが同一である場合を除き、当該印鑑につき市区町村長作成の証明書を添付しなければならないとされました（平成27.2.20民商第18号民事局長通達。以下「本通達」という。）。

2　代表者の辞任による変更の登記の手続

　各種法人等登記規則5条で準用する商業登記規則61条8項の施行後は、同規則の規定により、NPO法人の代表者であって印鑑提出者である者の辞任による変更の登記の申請書に、当該代表者の辞任届に押印さ

れた印鑑につき市区町村長作成の証明書が添付されていない場合には、当該申請を受理することができないとされています（組合等登記令25条、商業登記法24条8号。本通達）。

　ところで、印鑑提出者であるNPO法人の代表者の辞任届を登記の申請人が受領したものの、当該代表者が辞任届に押印した印鑑についての市区町村長作成の証明書を取得する前に死亡した場合又は行方不明となるという事態が生じた場合、その辞任による変更の登記の申請書には市区町村長作成の証明書を添付することができませんので、当該代表者についての辞任の登記の申請は受理されないことになります。ただし、登記の申請人が、上記証明書の添付が不可能又は著しく困難であるとして、例えば、代表者の辞任届は受領したものの、上記証明書を受領する前に当該代表者が死亡した旨又は行方不明となった旨を記載した上申書とともに、当該代表者の死亡診断書、戸籍事項証明書又は警察署が発行した失踪届受理証明書等を提出した場合には、市区町村長作成の証明書が申請書に添付されていないときでも、当該申請を受理して差し支えないとされています（本通達）。

3　代表者が外国人である場合の辞任届の取扱い

　印鑑提出者である代表者が外国人である場合において、当該代表者の辞任による変更の登記の申請書に当該代表者が署名のみをした（登記所届出印の押印がない。）辞任届が添付されているときであっても、当該署名が当該代表者本人のものであることについての本国官憲の作成した証明書の添付がある場合には、当該申請を受理して差し支えないとされています（本通達）。

3 理事等の氏の記録に関する改正

各種法人等登記規則5条において、商業登記規則81条の2の規定が準用されることにより、NPO法人の設立の登記、理事の就任による変更の登記、清算人の登記又は理事の氏の変更の登記の申請をする者は、その婚姻前の氏をも記録するよう申し出ることができるとされましたが、その申出の方法はどのようにするのですか。

1 概　説

　商業登記規則等の一部を改正する省令（平成27年法務省令第5号。以下「改正省令」という。）が平成27年2月27日から施行されています。改正省令により、商業登記規則81条の2が新設され、各種法人等登記規則5条において、商業登記規則81条の2の規定が準用されることになり、NPO法人の役員欄に氏名が記載される者について婚姻による変更前の氏をも記録することが可能となりました。

　すなわち、NPO法人の設立の登記、役員等（NPO法人登記簿の役員区に記録される理事、清算人）の就任による変更の登記、清算人の登記又は役員等の氏の変更の登記の申請をする者は、婚姻により氏を改めたNPO法人の役員等であって、その申請により登記簿に氏名を記録すべきものにつき、その婚姻前の氏（記録すべき氏と同一であるときを除く。）をも記録するよう申し出ることができるとされました（各種法人等登記規則5条、商業登記規則81条の2）。

2 申出に関する取扱い

　婚姻前の氏の記録の申出は、設立の登記、役員等の就任による変更の登記等の各登記の申請人が、登記の申請書に婚姻前の氏を記録すべき役員等の氏名及びその婚姻前の氏を記載するとともに、当該婚姻前の氏についての証明書を添付してしなければならないとされています（各種法人等登記規則5条、商業登記規則81条の2第2項）。この婚姻前の氏についての証明書に該当するものとしては、婚姻に関する事項の記載がある戸籍謄本又は戸籍事項証明書のほか、婚姻により氏が改められた旨及び

婚姻前の氏の記載がされている住民票の写し又は住民票記載事項証明書
があります（本通達）。

　婚姻前の氏の記録の申出がされたときは、登記官は、役員の就任による変更の登記等の申請に係る登記をするときに、婚姻前の氏を記録すべき役員の氏名とともに、その申出に係る婚姻前の氏を登記記録に記載するものとされています（各種法人等登記規則5条、商業登記規則81条の2第3項）。

　登記記録に婚姻前の氏をも記録された役員について、その再任による変更の登記又はその氏の変更の登記の申請があった場合には、当該登記の申請人から、当該婚姻前の氏の記録を希望しない旨の申出がされたとき又は当該婚姻前の氏と登記簿に記録すべき役員の氏とが同一であるときに限り、当該婚姻前の氏を記録しないこととされ、登記記録に婚姻前の氏をも記録された役員の再任による変更の登記又はその氏の変更の登記をする場合には、当該登記の申請人から引き続き当該婚姻前の氏の記録を希望する旨の申出がなくても、当該婚姻前の氏と登記記録に記録すべき役員の氏とが同一であるときを除き、登記官において、当該役員の氏名とともに婚姻前の氏及びその名をも記録することとされています（本通達）。

4　管轄外への主たる事務所移転の登記申請があった場合における登記すべき事項の取扱いについて

> 管轄外への主たる事務所移転の登記申請があった場合における新主たる事務所所在地における登記の申請書に記載すべき「登記すべき事項」については、主たる事務所を移転した旨及びその年月日の記載があれば足り、その他の事項の記載を省略しても差し支えないとされました。

　登記所の管轄区域外に主たる事務所を移転した場合、新主たる事務所の所在地における登記の申請は、旧主たる事務所の所在地を管轄する登記所を経由してすることを要し、かつ、当該登記の申請は旧主たる事務所の所

在地における登記の申請と同時にしなければならないとされています（組合等登記令25条、商業登記法51条1項・2項）。

　旧主たる事務所所在地における登記の申請書に記載すべき登記事項は、移転後の主たる事務所の所在地及び移転年月日ですが、新主たる事務所の所在地における登記すべき事項は、設立の登記事項と同一の事項（組合等登記令4条）、法人成立の年月日、主たる事務所を移転した旨及びその年月日並びに現に存する役員の就任年月日（各種法人等登記規則5条、商業登記規則65条2項）とされています。

　登記実務の取扱いでは、主たる事務所を他の登記所の管轄区域内に移転した場合の新所在地における登記の申請において、申請書に記載すべき登記すべき事項（組合等登記令25条、商業登記法17条2項4号）については、組合等登記令25条で準用する商業登記法53条に規定する事項（ただし、「会社の成立年月日」を除く。）を除き、「別添登記事項証明書のとおり」と記載し、当該登記事項証明書と申請書を契印する取扱いとして差し支えないものとされていました（平成19.11.12民商第2451号民事局商事課長通知）が、同通知に基づく取扱いが、旧所在地において直前にされた登記申請が、登記事項証明書の記載内容に反映されていないため、結果として申請人の負担軽減とはなっていないこと等から、登記すべき事項として、組合等登記令25条で準用する商業登記法53条に規定する事項（ただし、「会社の成立年月日」を除く。）の記載があれば足り、その他の事項の記載を省略しても差し支えないとされました（平成29.7.6民商第111号民事局商事課長通知）。

5　理事の代表権の登記に関する問題点について

　　NPO法人の代表権を有する理事の選任又は選定の方法、代表権を有する理事の変更の登記の手続について、教えてください。

　平成23年の改正NPO法（平成23年法律第70号）の施行（施行日平成24年4月1日）前においては、NPO法人の理事は、NPO法人の全ての業務

についてNPO法人を代表するとされ、定款をもってその代表権を制限することができるが、理事の代表権に加えた制限は、善意の第三者に対抗することができないとされていたため（旧NPO法16条2項）、NPO法人の内部において代表権を制限された理事が存在している場合でも、当該理事を含めた理事全員を代表権を有する者として理事の資格で登記しなければならないとされていました（平成10.8.31民四第1605号民事局長通達）。改正NPO法の施行により、旧16条2項の規定が削除されました。また、NPO法施行令附則2条により組合等登記令が改正され、NPO法人の登記事項として「代表権の範囲又は制限に関する定めがあるときは、その定め」が登記事項として追加されました（組合等登記令2条2項6号、別表特定非営利活動法人の項の登記事項の欄）。

　NPO法人の理事は、各自法人を代表しますが、定款をもって、その代表権の一部が制限されたNPO法人の理事が存在する場合、例えば、定款に、代表権の設定の範囲を、「理事〇〇〇〇は〇県〇市〇町〇丁目〇番〇号の従たる事務所の業務についてのみこの法人を代表する」との定めを設けた場合には、当該理事を登記するほか、当該理事に係る代表権の範囲又は制限に関する定めも登記しなければなりません（山森航太「特定非営利活動促進法の一部を改正する法律の施行に伴う法人登記事務の取扱いについて」民事月報67巻2号19頁）。

　また、定款をもって、その代表権の全部が制限されたNPO法人の理事が存在する場合には、当該理事は、代表権を有する者には該当しないため、登記をすることを要しないことになります（組合等登記令2条2項4号）。

　例えば、定款をもって、理事の互選等により特定の理事を理事長に選定し、当該理事長のみが法人を代表することとしている場合には、当該特定の理事のみを「理事」の資格で登記し、その他の理事は、登記することを要しないことになります。

第 2 章

特定非営利活動法人制度について

1　NPO 法人とは

特定非営利活動法人（NPO 法人）とは、どのような法人ですか。

1　NPO 法人の定義

　NPO 法人とは、特定非営利活動（NPO 法別表に掲げる活動に該当する活動であって、不特定かつ多数のものの利益の増進に寄与することを目的とするものをいう（NPO 法 2 条 1 項）。）を行うことを主たる目的として NPO 法の定めるところにより設立された法人をいいます（NPO 法 2 条 2 項）。

2　特定非営利活動とは

　特定非営利活動とは、NPO 法別表に掲げる活動に該当する活動であって、不特定かつ多数のものの利益の増進に寄与することを目的とするものをいいます（NPO 法 2 条 1 項、別表）。

① 　保健、医療又は福祉の増進を図る活動

② 　社会教育の推進を図る活動

③ 　まちづくりの推進を図る活動

④ 　観光の振興を図る活動

⑤ 　農山漁村又は中山間地域の振興を図る活動

⑥ 　学術、文化、芸術又はスポーツの振興を図る活動

⑦ 　環境の保全を図る活動

⑧ 　災害救援活動

⑨ 　地域安全活動

⑩ 　人権の擁護又は平和の推進を図る活動

⑪ 　国際協力の活動

⑫　男女共同参画社会の形成の促進を図る活動

⑬　子どもの健全育成を図る活動

⑭　情報化社会の発展を図る活動

⑮　科学技術の振興を図る活動

⑯　経済活動の活性化を図る活動

⑰　職業能力の開発又は雇用機会の拡充を支援する活動

⑱　消費者の保護を図る活動

⑲　前各号に掲げる活動を行う団体の運営又は活動に関する連絡、助言又は援助の活動

⑳　前各号に掲げる活動に準ずる活動として都道府県又は指定都市の条例で定める活動

　なお、上記⑳の「（前各号）に掲げる活動に準ずる活動として都道府県又は指定都市の条例で定める活動」については、各都道府県又は指定都市の実情に応じて、条例により様々な活動が定められていると思われますが、これらの活動については、条例に基づき、当該条例を制定した都道府県又は指定都市により定款の認証もされていますので、登記官としては、当該条例で定められた活動であるかどうかを積極的に調査する必要はないと解されています（山森航太「特定非営利活動促進法の一部を改正する法律の施行に伴う法人登記事務の取扱いについて」民事月報 67 巻 2 号 11 頁）。

3　NPO 法人の要件

　NPO 法人とは、特定非営利活動を行うことを主たる目的とし、次の各号のいずれにも該当する団体であって、NPO 法の定めるところにより設立された法人をいいます（NPO 法 2 条 2 項）。

(1)　次のいずれにも該当する団体であって、営利を目的としないものであること（NPO 法 2 条 2 項 1 号）

　「営利を目的としない」とは、団体の構成員に対して収益を分配したり財産を還元したりすることを目的としないことをいうと解されています。

　ア　社員の資格の得喪に関して、不当な条件を付さないこと

　イ　役員のうち報酬を受ける者の数が、役員総数の 3 分の 1 以下であること

(2) その行う活動が次のいずれにも該当する団体であること（NPO法2
条2項2号）

　　ア　宗教の教義を広め、儀式行事を行い、及び信者を教化育成するこ
　　　とを主たる目的とするものでないこと

　　イ　政治上の主義を推進し、支持し、又はこれに反対することを主た
　　　る目的とするものでないこと

　　ウ　特定の公職（公職選挙法（昭和25年法律第100号）第3条に規定す
　　　る公職をいう。）の候補者（当該候補者になろうとする者を含む。）若し
　　　くは公職にある者又は政党を推薦し、支持し、又はこれらに反対す
　　　ることを目的とするものでないこと

4　所轄庁

　　NPO法人の所轄庁とは、NPO法人の認証権及び監督権を持つ行政機
関をいいます。NPO法人の所轄庁は、その主たる事務所が所在する都
道府県の知事（その事業所が一の指定都市の区域内のみに所在するNPO法
人にあっては、当該指定都市の長）とするとされています（NPO法9
条）。したがって、NPO法人の設立の認証（NPO法10条1項）、定款の
変更の認証（同法25条3項）等は、その主たる事務所が所在する都道府
県の知事又は指定都市の長によってされることになります。また、所轄
庁は、法令違反等一定の場合に、NPO法人に対して、報告を求めた
り、検査を実施したり（NPO法41条1項）、また、場合によっては改善
措置を求めたり（同法42条）、さらには設立認証を取り消すことができ
ます（同法43条）。

5　登記等

　　所轄庁で認証されたNPO法人は、その主たる事務所の所在地におい
て設立の登記をすることによって成立します（NPO法13条1項）。NPO
法人は、設立の登記をしたときは、遅滞なく、当該登記をしたことを証
する登記事項証明書及び財産目録を添えて、その旨を所轄庁に届け出な
ければならないとされています（NPO法13条2項）。

　　なお、設立の認証を受けた者が設立の認証があった日から6月を経過
しても設立の登記をしないときは、所轄庁は、設立の認証を取り消すこ
とができるとされています（NPO法13条3項）。

NPO 法人は、特定非営利活動に係る事業以外の事業を
行うことができますか。

　NPO 法人は、特定非営利活動に必要な資金や運営費に充てるために、
特定非営利活動に係る事業に支障がない限り、当該特定非営利活動に係る
事業以外の事業（以下「その他の事業」という。）を行うことができます。
その他の事業で利益が生じた場合には、その利益を特定非営利活動に係る
事業のために使用しなければなりません（NPO 法 5 条 1 項）。また、その
他の事業に関する会計は、当該 NPO 法人の行う特定非営利活動に係る事
業に関する会計から区分し、特別の会計として経理しなければならないと
されています（NPO 法 5 条 2 項）。
　なお、NPO 法人がその他の事業を行う場合には、その種類その他当該
その他の事業に関する事項を定款に記載しなければならないとされていま
す（NPO 法 11 条 1 項 11 号）。

2　NPO 法人に対する所轄庁の監督権限

NPO 法人に対する所轄庁の監督権限について説明して
ください。

1　概　説
　所轄庁とは、NPO 法人の認証権及び監督権を持つ行政機関をいいま
す。例えば、NPO 法人を設立するには、所定の書類を添付した申請書
を所轄庁に提出し、設立の認証を受けなければなりません（NPO 法 10
条）。このように、NPO 法では、NPO 法人を設立するためには、法律
に定められた書類を添付した申請書を所轄庁に提出し、設立の認証を受
けることが必要であるとされていますが、所轄庁は認証の申請が設立要

件に適合すると認めるときは、設立を認証しなければならないとされています。この考え方を、認可主義といっています。なお、NPO法人は、登記が法人の成立要件であるため、所轄庁の認証を受けただけでは法人として成立しません。認証された後、法令に基づいて登記をしてはじめて法人として成立します。

2 所轄庁の監督権限

所轄庁は、法令違反等一定の場合に、NPO法人に対して、報告を求めたり、検査を実施したり、また、場合によっては改善措置を求めたり、さらには設立認証を取り消すことができます。そのほか、NPO法に違反した場合には、罰則が適用されることがあります。

(1) 求報告及び検査

所轄庁は、NPO法人（認定NPO法人及び特例認定NPO法人を除く。）が法令、法令に基づいてする行政庁の処分又は定款に違反する疑いがあると認められる相当な理由があるときは、当該NPO法人に対し、その業務若しくは財産の状況に関し報告を求め、又はその職員に、当該NPO法人の事務所その他の施設に立ち入り、その業務若しくは財産の状況若しくは帳簿、書類その他の物件を検査させることができるとされています（NPO法41条1項）。なお、職員に検査させる場合においては、検査をする職員に、NPO法人が法令、法令に基づいてする行政庁の処分等に違反する疑いがあると認められる相当の理由を記載した書面を、あらかじめ、NPO法人の役員その他の当該検査の対象となっている事務所その他の施設の管理について権限を有する者に提示又は交付をさせなければならないとされています（同条2項）。その際、検査をする職員は、身分証明書を携帯し、関係人にこれを提示しなければならないとされています（同条3項）。

(2) 改善命令

所轄庁は、NPO法人がNPO法12条1項2号、3号又は4号に規定する設立認証の要件を欠くに至ったと認めるとき、その他法令、法令に基づいてする行政庁の処分若しくは定款に違反し、又はNPO法人の運営が著しく適性を欠くと認めるときは、当該NPO法人に対し、期限を定めて、その改善のために必要な措置を採るべきことを命ずることができるとされています（NPO法42条）。

　なお、正当な理由がないのに、この改善命令の規定に違反して当該命令に係る措置を採らなかった者は、50万円以下の罰金に処せられるとされています。（NPO法78条）。

(3) 所轄庁の認証後未登記の団体に係る認証の取消し

ア　設立の認証の取消し

　NPO法人は、その主たる事務所の所在地において設立の登記をすることによって成立します（NPO法13条1項）。NPO法人が設立の登記をしたときは、遅滞なく、登記をしたことを証する登記事項証明書及びNPO法14条の財産目録を添えて、その旨を所轄庁に届け出なければならないとされています（同条2項）。ただし、設立の認証を受けた者が設立の認証があった日から6月を経過しても設立の登記をしないときは、所轄庁は、設立の認証を取り消すことができるとされています（同条3項）。

イ　合併の認証の取消し

　NPO法人は、他のNPO法人と合併することができます（NPO法33条）。NPO法人が合併するには、社員総会の議決を経て所轄庁の認証を受け（同法34条）、合併の登記をすることによってその効力が生じます（同法39条1項）。

　ただし、合併の認証を受けたNPO法人が合併の認証があった日から6月を経過しても合併の登記をしないときは、所轄庁は、合併の認証を取り消すことができるとされています（NPO法39条2項、13条3項）。

(4) 設立の認証の取消し

ア　所轄庁は、NPO法人が、NPO法42条の規定による改善命令に違反した場合であって他の方法により監督の目的を達することができないとき又は3年以上にわたってNPO法29条の規定による事業報告書等の提出を行わないときは、当該NPO法人の設立の認証を取り消すことができるとされています（NPO法43条1項）。

イ　また、所轄庁は、NPO法人が法令に違反した場合において、改善命令によってはその改善を期待することができないことが明らかであり、かつ、他の方法により監督の目的を達することができないときは、改善命令を経ないで、当該NPO法人の設立の認証を取り

消すことができるとされています（同条 2 項）。

(5) **罰　則**

　ア　正当な理由がないのに、NPO 法 42 条の規定による改善命令に違
　　反してその命令に係る措置を採らなかった者は、50 万円以下の罰
　　金に処せられます（NPO 法 78 条 1 号）。

　イ　NPO 法人に関する登記については、他の法令に別段の定めがあ
　　る場合を除くほか、組合等登記令によることとされていますが（組
　　合等登記令 1 条）、組合等登記令に違反して、登記をすることを怠っ
　　たときは、NPO 法人の理事又は清算人は 20 万円以下の過料に処せ
　　られます（NPO 法 80 条 1 号）。

　ウ　NPO 法 4 条は、NPO 法人以外の者は、その名称中に、NPO 法
　　人（特定非営利活動法人）又はこれに紛らわしい文字を用いてはな
　　らないと規定してますが、この規定に違反して、NPO 法人以外の
　　者が、その名称中に、「特定非営利活動法人」又はこれに紛らわし
　　い文字を用いたときは、10 万円の過料に処せられるとされていま
　　す（NPO 法 81 条）。

**所轄庁により、法人の設立認証が取り消された NPO 法
人は、どうなるのですか。**

　NPO 法では、所轄庁は、NPO 法人が、① NPO 法 42 条の規定による改
善命令に違反した場合であって、かつ、他の方法によって監督の目的を達
することができない場合、② 3 年以上にわたって NPO 法 29 条の規定に
よる事業報告書等の提出を行わないときは、NPO 法人の設立の認証を取
り消すことができるとしています（NPO 法 43 条 1 項）。また、所轄庁は、
③ NPO 法人が法令に違反した場合において、改善命令によってはその改
善を期待することができないことが明らかであり、かつ、他の方法により
監督の目的を達することができないときは、改善命令を経ないでも、
NPO 法人の設立の認証を取り消すことができるとしています（同条 2 項）。
　所轄庁による設立の認証の取消しは、NPO 法人の解散事由とされてい

ますので（NPO 法 31 条 1 項 7 号）、所轄庁が、NPO 法人の設立の認証を取り消したときは、NPO 法人は解散します。すなわち、所轄庁が、NPO 法人の設立の認証を取り消すということは、同法人の法人格を剥奪し、解散を命じる処分をしたことになります。

　所轄庁は、NPO 法人の解散を命じる処分をしたときは、遅滞なく、その主たる事務所の所在地を管轄する登記所に解散の登記を嘱託しなければならないとされています（組合等登記令 14 条 4 項）。

3　NPO 法人の管理・運営

NPO 法人の管理・運営を行うにあたって留意する点はどのようなことですか。

　NPO 法人は、NPO 法の定めに従って適切な管理・運営を行わなければなりません。NPO 法人の管理・運営に当たっては、次の点に留意する必要があります。

1　役　員

　NPO 法人には、役員として、理事 3 人以上及び監事 1 人以上を置かなければならないとされています（NPO 法 15 条）。理事は法人を代表し（ただし、定款をもって、その代表権を制限することができる。）、NPO 法人の業務は、定款に特別の定めのないときは、理事の過半数をもって決定されます（NPO 法 16 条、17 条）。役員の変更等があった場合は、所轄庁に届け出なければなりません（NPO 法 23 条）。なお、役員には暴力団の構成員等はなれない等の欠格事由（NPO 法 20 条）のほか、親族の数等に制限が設けられています（NPO 法 21 条）。

　理事の選任方法は法定されておらず、定款の定めによることになりますが、定款の定めとして、社員総会において選任するというのが一般的であるとされます。

　なお、次のいずれかに該当する者は、NPO 法人の役員になることができないとされています（NPO 法 20 条）。

① 心身の故障のため職務を適正に執行することができない者として内閣府令で定めるもの

② 破産手続開始の決定を受けて復権を得ない者

③ 禁錮以上の刑に処せられ、その執行を終わった日又はその執行を受けることがなくなった日から2年を経過しない者

④ NPO法若しくは暴力団員による不当な行為の防止等に関する法律の規定（NPO法32条の3第7項及び32条の11第1項の規定を除く。）に違反したことにより、又は刑法204条（傷害罪）、206条（現場助勢罪）、208条（暴行罪）、208条の2（凶器準備集合罪及び結集罪）、222条（脅迫罪）若しくは247条（背任罪）若しくは暴力行為等処罰に関する法律の罪を犯したことにより、罰金の刑に処せられ、その執行を終わった日又はその執行を受けることがなくなった日から2年を経過しない者

⑤ 暴力団の構成員等

⑥ NPO法43条の規定により設立の認証を取り消されたNPO法人の解散当時の役員で、設立の認証を取り消された日から2年を経過しない者

　　そのほかNPO法21条では、役員についてその親族数等に制限を設けています。すなわち、それぞれの役員について、その配偶者若しくは3親等内以内の親族が1人を超えて含まれ、又は当該役員並びにその配偶者及び3親等以内の親族が役員の総数の3分の1を超えて含まれることになってはならないとされています。

　　また、監事については、理事又はNPO法人の職員を兼ねてはならないとされています（NPO法19条）。

　　なお、役員の任期については、2年以内において定款で定める期間とされており、再任を妨げないとされています（NPO法24条1項）。

2 総　会

　　NPO法14条の5は、「特定非営利活動法人の業務は、定款で理事その他の役員に委任したものを除き、すべて社員総会の決議によって行う。」と規定しています。これは、法人の構成員である社員により組織される社員総会が、NPO法人における最高万能の決議機関であること

を明らかにしたものであると解されています。

NPO法人は、少なくとも毎年1回、通常総会を開催しなければなりません（NPO法14条の2）。また、理事は、必要があると認めるときは、いつでも臨時総会を招集することができるとされています（NPO法14条の3第1項）。

3 その他の事業

NPO法人は、特定非営利活動に係る事業に支障がない限り、特定非営利活動に係る事業以外の事業（その他の事業）を行うことができます。その他の事業で利益が生じた場合は、その利益を特定非営利活動に係る事業のために使用しなければならないとされ、また、その他の事業に関する会計を特定非営利活動に係る会計から区分しなければならないとされています（NPO法5条）。

4 事業報告書等

NPO法人は、毎事業年度初めの3月以内に、前事業年度の事業報告書、計算書類（活動計算書、貸借対照表）及び財産目録並びに年間役員名簿並びに前事業年度の末日における社員のうち10人以上の者の氏名（法人にあっては、その名称及び代表者の氏名）及び住所又は居所を記載した書面（以下「事業報告書等」という。）を作成し、事務所に備え置くとともに（NPO法28条1項）、毎事業年度1回、所轄庁に提出しなければならないとされています（同法29条）。NPO法人の会計については、正規の簿記の原則に従って会計簿を記帳するなど、NPO法27条に定められた会計の原則に従い会計処理を行わなければならないとされています。

また、NPO法人は、前事業年度の貸借対照表の作成後遅滞なく、次に掲げる方法のうち定款で定める方法によりこれを公告しなければならないとされています（NPO法28条の2）。

① 官報に掲載する方法
② 時事に関する事項を掲載する日刊新聞紙に掲載する方法
③ 電子広告
④ 法人の主たる事務所の公衆の見やすい場所に掲示する方法

5 定款の変更

(1) 社員総会の決議

定款の変更は、定款で定めるところにより、社員総会の議決を経な

ければならないとされています（NPO法25条1項）。社員総会の決議
要件については、定款に特別の定めがあるときは、その定めによるこ
とになりますが、定めがない場合は、社員総数の2分の1以上が出席
し、その出席者の4分の3以上の多数をもってしなければならないと
されています（NPO法25条2項）。

(2) 所轄庁の認証

　NPO法人は、次に掲げる事項に関する定款の変更を行う場合に
は、所轄庁の認証を受けなければ、その効力を生じないとされていま
す（NPO法25条3項）。

① 目的（NPO法11条1項1号）

② 名称（2号）

③ その行う特定非営利活動の種類及び当該特定非営利活動に係る
事業の種類（3号）

④ 主たる事務所及びその他の事務所の所在地（所轄庁の変更を伴
うものに限る。）（4号）

⑤ 社員の資格の得喪に関する事項（5号）

⑥ 役員に関する事項（役員の定数に係るものを除く。）（6号）

⑦ 会議に関する事項（7号）

⑧ その他の事業を行う場合における、その種類その他当該その他
の事業に関する事項（11号）

⑨ 解散に関する事項（残余財産の帰属すべき者に係るものに限る。）
（12号）

⑩ 定款の変更に関する事項（13号）

　NPO法人は、所轄庁の定款変更の認証を受けようとするときは、
当該定款の変更を議決した社員総会の議事録の謄本及び変更後の定款
を添付した申請書を、所轄庁に提出しなければならないとされていま
す（NPO法25条4項）。

　当該定款の変更が、上記の③又は⑧に掲げる事項に係る変更を含む
ものであるときは、当該定款の変更の日の属する事業年度及び翌事業
年度の事業計画書及び活動予算書を併せて添付しなければならないと
されています（NPO法25条4項）。

　なお、上記①から⑩に関する事項以外の定款の変更については、所轄庁の認証は不要ですが、定款変更後に、都道府県又は指定都市の条例で定めるところにより、遅滞なく、当該定款の変更を議決した社員総会の議事録の謄本及び変更後の定款を添えて、その旨を所轄庁に届け出ることが必要です（NPO 法 25 条 6 項）。

　ちなみに、NPO 法人の定款変更のうち、所轄庁の認証を要しないものとされている事項については、次のとおりです（NPO 法 25 条 3 項）。

① 　所轄庁の変更を伴わない主たる事務所及びその他の事務所の所在地の変更

② 　役員の定数に係る役員に関する事項（NPO 法 11 条 1 項 6 号）

③ 　資産に関する事項の変更（8 号）

④ 　会計に関する事項（9 号）

⑤ 　事業年度（10 号）

⑥ 　残余財産の帰属すべき者に係るものを除く、解散に関する事項（12 号）

⑦ 　公告の方法の変更（14 号）

　ところで、NPO 法人の所轄庁は、その主たる事務所が所在する都道府県の知事（その事務所が一の指定都市の区域内のみに所在する NPO 法人にあっては、当該指定都市の長）とされています。そこで、例えば、ある指定都市にのみ事務所を有する NPO 法人（所轄庁は当該指定都市の長）が当該指定都市外に事務所を増設した場合（所轄庁は当該指定都市が所在する道府県知事に変更される。）や、埼玉県にのみ事務所を有する NPO 法人が栃木県に事務所を移設した場合（所轄庁は栃木県知事）には、所轄庁の変更を伴いますので、この場合には、NPO 法人は変更前の所轄庁を経由して、変更後の所轄庁に認証申請書を提出します（NPO 法 26 条 1 項）。他方、例えば、さいたま市内にしか事務所を有していない NPO 法人（所轄庁はさいたま市）が、同じ市内に事務所を増設した場合や、埼玉県に主たる事務所を有する NPO 法人（所轄庁は埼玉県）が、埼玉県に事務所を増設した場合には、所轄庁の変更を伴わないことになるため、その定款の変更について、所轄庁の認証を要しないことになります。

⑶ 変更の登記

　所轄庁の認証後、NPO法人は、名称等、登記事項に変更を生じた場合には、2週間以内に、その主たる事務所の所在地において変更の登記をしなければならないとされています（組合等登記令3条1項）。また、従たる事務所の所在地においては3週間以内に、変更の登記をしなければならないとされています（同令11条3項）。

　NPO法人は、定款の変更に係る登記をしたときは、遅滞なく、当該登記をしたことを証する登記事項証明書を所轄庁に提出しなければなりません（NPO法25条7項）。

6 合併・解散

⑴ 合　併

　ア　社員総会の議決

　　NPO法人が合併しようとするときは、合併契約を締結し、社員総会の議決を経なければなりません（NPO法34条）。この議決は、定款に別段の定めがある場合を除き、社員総数の4分の3以上の多数をもってしなければならないとされています（NPO法34条2項）。

　イ　所轄庁の認証

　　合併は、所轄庁の認証を受けなければ、その効力を生じないとされています（同法34条3項）。したがって、合併の議決等がされたときは、議決をした社員総会の議事録の謄本を添付した合併認証の申請書を所轄庁に提出しなければなりません（同条4項）。

　ウ　合併による登記

　　NPO法人は、合併の認証その他合併に必要な手続が終了した日から、主たる事務所の所在地において2週間以内に、吸収合併後存続するNPO法人については変更の登記を、合併により消滅するNPO法人については解散の登記を、新設合併により設立するNPO法人については設立の登記をしなければならないとされています（組合等登記令8条）。

　　NPO法人の合併は、合併後存続するNPO法人又は合併によって設立するNPO法人の主たる事務所所在地において登記をすることによって、その効力を生ずるとされています（NPO法39条1項）。

　　NPO法人は、合併の登記をしたときは、遅滞なく当該登記をし

たことを証する登記事項証明書及び財産目録を添付してその旨を所轄庁に届け出なければならないとされています（NPO 法 39 条 2 項、13 条 2 項、14 条）。

(2)　**解　散**

NPO 法人は、①社員総会の解散決議、②定款で定めた解散事由の発生、③目的とする特定非営利活動に係る事業の成功の不能、④社員の欠亡、⑤合併、⑥破産手続開始の決定及び⑦所轄庁による設立の認証の取消し等によって解散します（NPO 法 31 条 1 項）。

清算人は、NPO 法人が社員総会の決議によって解散した場合、定款で定める事由の発生によって解散した場合、社員の死亡によって解散した場合又は破産手続開始の決定によって解散した場合には、遅滞なく、その旨を所轄庁に届け出なければならないとされています（NPO 法 31 条 4 項）。

解散した NPO 法人の残余財産は、合併及び破産手続開始の決定による解散の場合を除き、所轄庁に対する清算結了の届出の時において、定款で定めるところにより、その帰属すべき者に帰属するとされています（NPO 法 32 条 1 項）。この残余財産の帰属先については、あらかじめ定款で定めておくことができるとされ、これを定める場合には、次のうちから選定されなければならないとされています（NPO 法 11 条 3 項）。

①　他の NPO 法人

②　国又は地方公共団体

③　公益社団法人又は公益財団法人

④　私立学校法（昭和 24 年法律第 270 号）第 3 条に規定する学校法人

⑤　社会福祉法（昭和 26 年法律第 45 号）第 22 条に規定する社会福祉法人

⑥　更正保護事業法（平成 7 年法律第 86 号）第 2 条第 6 項に規定する更生保護法人

清算人は、定款に残余財産の帰属すべき者に関する規定がないときは、所轄庁の認証を得て、その財産を国又は地方公共団体に譲渡することができるとされています（NPO 法 32 条 2 項）。

定款で定めた者に帰属しない場合及び国又は地方公共団体に譲渡しない場合には、残余財産は国庫に帰属することになります（同条3項）。

4 NPO法人の情報公開制度

NPO法人制度は、法人運営の自主性を尊重し、情報公開を通じた市民の選択・監視を前提とした制度となっている点が特徴であるとされていますが、NPO法人制度においてはどのような情報公開制度が設けられていますか。

NPO法では、次のような情報公開制度が設けられています。

1 設立認証時における所轄庁での公告・縦覧制度

NPO法人を設立しようとする者は、NPO法10条1項に規定されている定款その他の書類を添付した申請書を所轄庁に提出して、設立の認証を受けなければならないとされています（NPO法10条1項）。そして、所轄庁は、設立の認証の申請があった場合には、遅滞なく、その旨及び下記に掲げる事項を公告し、又はインターネットの利用により公表するとともに、定款、役員名簿（役員の氏名及び住所又は居所並びに各役員についての報酬の有無を記載した名簿）、設立趣旨書、設立当初の事業年度及び翌事業年度の事業計画書、設立当初の事業年度及び翌事業年度の活動予算書（その行う活動に係る事業の収益及び費用の見込みを記載した書類）を申請書を受理した日から1月間、その指定した場所において公衆の縦覧に供しなければならないとされています（同条2項）。

公告事項は次のとおりです。

① 申請のあった年月日
② 申請に係るNPO法人の名称、代表者の氏名及び主たる事務所の所在地並びにその定款に記載された目的

2 事業報告書等の備置き等及び閲覧

法人格取得後、NPO法人は、毎事業年度初めの3月以内に、都道府

県又は指定都市の条例で定めるところにより、前事業年度の事業報告書、計算書類及び財産目録並びに年間役員名簿（前事業年度において役員であったことがある者全員の氏名及び住所又は居所並びにこれらの者についての前事業年度における報酬の有無を記載した名簿）並び前事業年度の末日における社員のうち 10 人以上の者の氏名（法人にあっては、その名称及び代表者の氏名）及び住所又は居所を記載した書面（以下「事業報告書等」という。）を作成し、これらを、その作成の日から起算して 5 年が経過した日を含む事業年度の末日までの間、NPO 法人の事務所に備え置かなければならないとされています（NPO 法 28 条 1 項）。また、NPO法人は、役員名簿及び定款等（定款並びにその認証及び登記に関する書類の写し）をその事務所に備え置かなければならないとされ（同条 2 項）、当該 NPO 法人の社員その他の利害関係人から、事業報告書等、役員名簿、定款等の閲覧の請求があった場合には、正当な理由がある場合を除いて、閲覧させなければならないとされています（同条 3 項）。

　閲覧される書類は次のとおりです。

① 役員名簿
② 定款
③ 定款の認証・登記に関する書類の写し
④ 事業報告書
⑤ 財産目録
⑥ 貸借対照表
⑦ 活動計算書
⑧ 年間役員名簿
⑨ 社員のうち 10 人以上の者の名簿

3　貸借対照表の公告

　NPO 法 28 条の 2 第 1 項では、NPO 法人は、NPO 法 28 条 1 項の規定による前事業年度の貸借対照表の作成後遅滞なく、定款で定める方法により、当該貸借対照表を公告しなければならないとされています。貸借対照表の公告の方法としては、①官報に掲載する方法、②時事に関する事項を掲載する日刊新聞紙に掲載する方法、③電子公告、④内閣府令で定める方法のうちから、定款で定める方法により、公告をする必要があります（NPO 法 28 条の 2 第 1 項）。

貸借対照表の公告方法を定款で定める場合、①官報に掲載する方法を選択した場合には、「官報に掲載して行う。」と記載し、②時事に関する事項を掲載する日刊新聞紙に掲載する方法を選択した場合には、「○○県において発行する○○新聞に掲載して行う。」と記載し、③電子公告の方法を選択した場合には、NPO法人は、公告が掲載されるウェブサイトを自ら決定する必要がありますが、当該ウェブサイトは当該NPO法人自体が管理運営するものでも、第三者が管理運営するものでも差し支えないとされています。したがって、所轄庁や内閣府が運営するポータルサイトを利用して公告することも可能であり、この場合、定款には、「この法人のホームページに掲載して行う。」又は「内閣府NPOポータルサイト（法人入力情報欄）に掲載して行う。」など具体的に記載する必要があるとされています。なお、URLまで定款に記載する必要はないと解されています。また、④不特定多数の者が公告すべき内容である情報を認識することができる状態に置く措置として内閣府令で定める方法を選択した場合には、「この法人の主たる事務所の掲示場に掲示して行う。」と記載します（NPO法施行規則3条の2第2項）。

　なお、NPO法11条1項14号では、NPO法人は、定款において公告方法を記載しなければならないと規定されていますので、貸借対照表の公告も含めて法人としての公告方法を定款に記載することになりますが、貸借対照表の公告のみを別の方法とすることを定款に記載することもできるとされています。例えば、「この法人の公告は、この法人の掲示場に掲示するとともに、官報に掲載して行う。ただし、NPO法28条の2第1項に規定する貸借対照表の公告については、○○県において発行する○○新聞に掲載して行う。」と規定することも可能であると解されています（内閣府ホームページ「貸借対照表の公告に関する定款例（平成29年2月）」）。また、貸借対照表の公告方法として、官報又は日刊新聞紙を選択したNPO法人については、貸借対照表の要旨を公告することで足りるとされています（NPO法28条の2第2項）。

　NPO法人が電子公告を貸借対照表の公告方法とする旨を定款で定める場合には、事故その他やむを得ない事由によって電子公告による公告をすることができない事態に対処するため、官報又は日刊新聞紙のうちいずれかの方法をあらかじめ定款に定めておき、当該方法によって公告

することができるとされています（同条 3 項）。NPO 法人が電子公告による公告をする場合には、NPO 法 28 条 1 項の規定による前事業年度の貸借対照表の作成の日から起算して、5 年が経過した日を含む事業年度の末日までの間、継続して行わなければならないとされています（同条 4 項）。

　このように、電子公告は、公告すべき内容を NPO 法が定める期間中継続して掲載するものであり、公告の中断が起きた場合には、原則としてその公告は無効となるものと解されています（皆川・時の法令 2021 号 26 頁）。しかし、公告の中断が生じた場合において、次の 3 つの要件のいずれにも該当するときは、その公告の中断については、公告の効力に影響を及ぼさないとされています（NPO 法 28 条の 2 第 5 項）。

① 　公告の中断が生ずることにつき NPO 法人が善意でかつ重大な過失がないこと又は NPO 法人に正当な事由があること

② 　公告の中断が生じた時間の合計が公告期間の 10 分の 1 を超えないこと

③ 　NPO 法人が公告の中断が生じたことを知った後速やかにその旨、公告の中断が生じた時間及び公告の中断の内容を当該電子公告による公告に付して公告したこと

4　所轄庁での事業報告書等の公開

　NPO 法人は、毎事業年度 1 回、事業報告書等を所轄庁に提出しなければならないとされ（NPO 法 29 条）、所轄庁は、NPO 法人から提出を受けた事業報告書等（過去 5 年間に提出を受けた者に限る。）、役員名簿又は定款等について閲覧又は謄写の請求があった場合には、これを閲覧させ、又は謄写させなければならないとして、所轄庁に対し、NPO 法人から提出を受けた事業報告書等の閲覧・謄写に応じる旨を義務付けています（NPO 法 30 条）。

第3章 NPO 法人の設立

1 設立の手続

NPO 法人の設立の手続を教えてください。

1 NPO 法人設立の手続

設立の手続の概要は次のとおりです。

定款の作成・所轄庁に設立認証の申請（NPO 法 10 条 1 項）
　NPO 法人を設立するためには、NPO 法に定められた書類を添付した申請書を、所轄庁に提出して、設立の認証を受けなければなりません。
↓
所轄庁の公告・縦覧（NPO 法 10 条 2 項）
　所轄庁は、認証の申請があった場合には、遅滞なくその旨及び NPO 法人の名称、代表者の氏名等を公告するとともに、提出された定款等の書類を、申請書を受理した日から 1 か月間、公衆の縦覧に供することになります。
↓
所轄庁の認証（NPO 法 12 条 2 項・3 項）
　所轄庁は、縦覧期間を経過した日から 2 か月（所轄庁の条例で 2 か月より短い期間を定めている場合には、その期間）以内に認証又は不認証の決定をしなければなりません。
　① 　所轄庁は認証の決定をしたときはその旨を、不認証の決定をしたときはその旨及びその理由を書面をもって、申請をした者に対し通知しなければなりません。
　② 　設立の認証を受けた者が、設立の認証があった日から 6 か月を経過しても設立の登記をしないときは、所轄庁は設立の認証を取り消すことができます（NPO 法 13 条 3 項）。
↓
設立の登記（NPO 法 13 条 1 項）
　NPO 法人は、その主たる事務所の所在地において設立の登記をすることにより成立します。

2　設立の認証の申請

(1)　定款の作成

　　NPO 法人を設立しようとする者は、法定の事項（NPO 法 11 条 1 項）及びその他法人の組織運営に必要な事項を決定し、その旨を記載した定款を作成します。定款に記載しなければならない事項は、2 の Q14 を参照願います。

(2)　設立認証の申請

　　NPO 法人を設立するためには、設立しようとする者が、所轄庁（都道府県又は指定都市）の条例で定めるところにより、次に掲げる書類を添付した申請書を所轄庁に提出して、設立の認証を受けなければならないとされています（NPO 法 10 条 1 項）。

① 　定款

　　記載事項については、2 の Q14 を参照願います。

② 　役員に係る次に掲げる書類

　　ⅰ　役員名簿

　　　　役員の氏名及び住所又は居所並びに各役員についての報酬の有無を記載した名簿をいいます。

　　ⅱ　各役員が NPO 法 20 条各号（役員の欠格事項）に該当しないこと及び同法 21 条（役員の親族等の排除）の規定に違反しないことを誓約した書面の謄本、並びに就任を承諾する書面の謄本

　　　　NPO 法には、役員には暴力団の構成員等はなれないなどの欠格事由のほか、親族の数等に制限が設けられています。

　　ⅲ　各役員の住所又は居所を証する書面として都道府県又は指定都市の条例で定めるもの

③ 　社員のうち 10 人以上の者の氏名（法人にあっては、その名称及び代表者の氏名）及び住所又は居所を記載した書面

④ 　確認書面

　　NPO 法 2 条 2 項 2 号及び 12 条 1 項 3 号に該当することを確認したことを証する書面

　　すなわち、特定非営利活動が、宗教活動や政治活動を主たる目的とするものでないこと、特定の公職者（候補者を含む。）又は政党を推薦、支持、反対することを目的とするものでないこと。また、

NPO 法人が、暴力団でないこと、暴力団又は暴力団の構成員等の統制下にある団体でないことに該当することを確認したことを示す書面です。

⑤　設立趣旨書

⑥　設立についての意思の決定を証する議事録の謄本

⑦　設立当初の事業年度及び翌事業年度の事業計画書

⑧　設立当初の事業年度及び翌事業年度の活動予算書

　　その行う活動に係る事業の収益及び費用の見込みを記載した書類をいいます。

3　公告・縦覧

　所轄庁は、設立の認証の申請があった場合には、遅滞なく、その旨及び①申請のあった年月日、及び②認証の申請に係る NPO 法人の名称、代表者の氏名及び主たる事務所の所在地並びにその定款に記載された目的を公告し、又はインターネットの利用により公表するとともに、定款、役員名簿、設立趣旨書、事業計画書、活動予算書を申請書を受理した日から 1 月間、その指定した場所において公衆の縦覧に供しなければならないとされています（NPO 法 10 条 2 項）。

　インターネットの利用による公表は、申請情報をより短時間で住民に周知できるようにするためであり、これにより、所轄庁の NPO ポータルサイトなどにおいて、申請情報を公表することができます（皆川・時の法令 2021 号 22 頁）。

4　所轄庁の認証

　所轄庁は、設立の認証申請が次の①から④に適合すると認めるときは、その設立を認証しなければならないとされています（NPO 法 12 条 1 項）。

①　設立の手続並びに申請書及び定款の内容が法令の規定に適合していること

②　当該申請に係る NPO 法人が NPO 法 2 条 2 項に規定する団体に該当するものであること

　　i　特定非営利活動を行うことを主たる目的とすること

　　ii　営利を目的としないものであること

　　iii　社員の資格の得喪に関して、不当な条件を付さないこと

iv　役員のうち報酬を受ける者の数が、役員総数の3分の1以下であること

v　宗教活動や政治活動を主たる目的とするものでないこと

vi　特定の公職者（候補者を含む。）又は政党を推薦、支持、反対することを目的とするものでないこと

③　当該申請に係るNPO法人が次に掲げる団体に該当しないものであること

i　暴力団（暴力団員による不当な行為の防止等に関する法律（平成3年法律第77号）2条2号に規定する暴力団をいう。）

ii　暴力団又はその構成員（暴力団の構成団体の構成員を含む。）若しくは暴力団の構成員でなくなった日から5年を経過しない者の統制の下にある団体

④　当該申請に係るNPO法人が10人以上の社員を有するものであること

　所轄庁は、正当な理由がない限り、公衆の縦覧の期間である1か月を経過した日から2か月（都道府県又は指定都市の条例でこれより短い期間を定めたときは、当該期間）以内に認証又は不認証の決定を行わなければならないとされています（NPO法12条2項）。

　所轄庁は、認証の決定をしたときはその旨を、不認証の決定をしたときはその旨及びその理由を、当該申請をした者に対し、速やかに、書面により通知しなければならないとされています（同条3項）。

5　NPO法人の成立の時期

　設立の認証後、NPO法人は、その主たる事務所の所在地において設立の登記をすることによって成立します（NPO法13条1項）。

　NPO法人は、設立の登記をしたときは、遅滞なく、当該登記をしたことを証する登記事項証明書及び財産目録（NPO法14条）を添えて、その旨を所轄庁に届け出なければならないとされています（NPO法13条2項）。なお、設立の認証を受けた者が設立の認証のあった日から6か月経過しても設立の登記をしないときは、所轄庁は、設立の認証を取り消すことができるとされています（NPO法13条3項）。

2　定款の作成

NPO 法人の定款には、どのような事項を記載するのですか。

　NPO 法人の定款には、次に掲げる事項を記載しなければならないとされています（NPO 法 11 条）。

(1)　目　的

　NPO 法人が行う活動の目的を記載します。

　NPO 法人は、特定非営利活動を行うことを主たる目的とし、NPO 法の定めるところにより設立された法人をいいます（NPO 法 2 条 2 項）。「特定非営利活動」とは、NPO 法別表に掲げる活動に該当する活動であって、不特定かつ多数のものの利益の増進に寄与することを目的とするものであることをいいます（同条 1 項）。したがって、NPO 法別表に掲げる特定非営利活動を行うことを主たる目的とした法人であること等を明らかにする必要があります。

(2)　名　称

　NPO 法人は、その名称中に「特定非営利活動法人」という文字を用いることが一般的ですが、NPO 法人については、その名称中に特定非営利活動法人という文字を用いることを強制されているわけではありません。そのため、登記実務の取扱いにおいては、名称に特定非営利活動法人という文字を含まないものであっても、登記の申請書及び添付書面から、特定非営利活動法人であることが明らかであれば、登記の申請を受理して差し支えないと解されています。なお、NPO 法人以外の者は、その名称中に、「特定非営利活動法人」又はこれに紛らわしい文字を用いてはならないとされています（NPO 法 4 条）。

　特定非営利活動法人以外の者が、その名称中に、「特定非営利活動法人」又はこれに紛らわしい文字を用いた場合には、10 万円以下の過料に処せられます（NPO 法 81 条）。

　なお、特定非営利活動法人の名称にローマ字を用いることができる

かについては、商業登記規則50条の規定を、各種法人等登記規則5条において準用していますので、特定非営利活動法人の名称中にローマ字その他の符号を用いることができますし、法人の名称中にローマ字を用いたものも、そのまま登記することもできます。したがって、特定非営利活動法人がその名称を「NPO法人○○○」として登記することが可能です。

(3)　その行う特定非営利活動の種類及び当該特定非営利活動に係る事業の種類

特定非営利活動の種類として、NPO法別表に掲げる種類のうちから、該当するものを記載します。また、事業として、法人が行う具体的な事業の内容を記載します。

(4)　主たる事務所及びその他の事務所の所在地

定款に定める主たる事務所及びそれ以外の従たる事務所の所在地は、最小行政区画までを表示すれば足りますが、その場合には、現実に設置する事務所の所在場所を理事会等で決定します。

(5)　社員の資格の得喪に関する事項

社員（正会員）の入・退会に関する規定を記載します。

(6)　役員に関する事項

役員の選任方法、その種類、任期、職務分担などを定めます。

NPO法人には、役員として、理事3人以上及び監事1人以上を置かなければならないとされています（NPO法15条）。役員の選任方法については、法律の定めがなく、定款で定めることになります。社員総会で選任する場合には、「理事又は監事は、総会において選任する。」と規定することになります。

役員の任期は、2年以内において定款で定める期間とされています（NPO法24条1項）。ただし、定款で役員を社員総会で選任することとしているNPO法人にあっては、定款により、後任の役員が選任されていない場合に限り、NPO法24条1項の規定により定款で定められた任期の末日後最初の社員総会が終結するまでその任期を伸長することができます（同条2項）。

なお、設立当初の役員は、定款で定めなければならないとされています（NPO法11条2項）。この場合の定款の規定は附則に定めること

になります。

(7) **会議に関する事項**

　社員総会や理事会の構成、招集方法、決議事項、定足数、決議方法などを定めます。なお、総会の議事録や理事会の議事録などは、法律上作成義務はありませんが、例えば、NPO法人の登記すべき事項について社員総会の決議を要する場合には、登記の申請書には社員総会の議事録を添付する必要がありますし、また、所轄庁から定款の変更の認証を受けようとする場合には、当該定款の変更を議決した社員総会の議事録の謄本を添付した申請書を所轄庁に提出しなければならないなどとされています。このようなことから、議事録の作成義務及び記載する事項等について、定款に定めている法人も多いとされています。

(8) **資産に関する事項**

　資産の構成内容や管理方法を記載します。

(9) **会計に関する事項**

　活動予算や決算の方法を記載します。

(10) **事業年度**

(11) **その他の事業を行う場合には、その種類その他当該その他の事業に関する事項**

　NPO法人は、特定非営利活動に必要な資金や運営費に充てるために、特定非営利活動に係る事業に支障がない限り、当該特定非営利活動に係る事業以外の事業（その他の事業）を行うことができます。

　NPO法人がその他の事業を行う場合には、その種類その他当該その他の事業に関する事項を定款に記載しなければならないとされています。

(12) **解散に関する事項**

　解散の要件や決議要件などを定めます。また、解散した際に残余財産の帰属すべき者を指定する場合には、定款に規定を設けなければならないとされています（NPO法11条3項）。

　残余財産の帰属すべき者は、他のNPO法人その他次に掲げる者のうちから選定するようにしなければならないとされています。

　① 　国又は地方公共団体

②　公益社団法人又は公益財団法人

③　私立学校法（昭和 24 年法律第 270 号）第 3 条に規定する学校法
人

④　社会福祉法（昭和 26 年法律第 45 号）第 22 条に規定する社会福
祉法人

⑤　更生保護事業法（平成 7 年法律第 86 号）第 2 条第 6 項に規定す
る更生保護法人

⒀　**定款の変更に関する事項**

定款の変更は、原則として、社員総会において、社員総数の 2 分の
1 以上が出席し、その出席者の 4 分の 3 以上の多数をもって行うこと
とされています（NPO 法 25 条 1 項・2 項）が、定款に特別の定めがあ
るときは、この限りでないとされています。

変更された定款については、一定の場合を除いて、所轄庁の認証を
受けなければ、その効力を生じないとされています（同条 3 項）。ま
た、NPO 法人は、定款の変更に係る登記をしたときは、遅滞なく、
当該登記をしたことを証する登記事項証明書を所轄庁に提出しなけれ
ばならないとされています（同条 7 項）。

⒁　**公告の方法**

NPO 法人は、公告の方法を定款で定める必要があります。この場
合、公告の方法は、法律上特に制限されていませんので、NPO 法人
の実情に応じて、官報に掲載する方法又は特定の新聞に掲載する方法
が考えられます。

このように、NPO 法 11 条 1 項 14 号では、定款において公告方法
を記載しなければならないと規定されています。また、平成 28 年の
NPO 法の改正によって新たに貸借対照表の公告方法を定款で定めな
ければならないとされましたので、法改正で新たに加わった貸借対照
表の公告も含めて法人としての公告方法を定款に記載することになり
ます。ただし、貸借対照表の公告方法のみを別途規定することも可能
であると解されています（内閣府ホームページ「平成 28 年改正法に関す
る Q & A」）。例えば、「この法人の公告は、この法人の掲示場に掲示
するとともに、官報に掲載して行う。ただし、NPO 法 28 条の 2 第 1
項に規定する貸借対照表の公告については、○○県において発行する

○○新聞に掲載して行う。」といったように規定することは可能であるとされています。

3　設立登記の手続

NPO法人の設立の登記はどのようにするのですか。

　NPO法人は、所轄庁の設立の認証を受けて（NPO法10条1項）、その主たる事務所の所在地において設立の登記をすることによって成立します（同法13条1項）。

　NPO法人の設立の登記は、同法人を代表すべき者、すなわち理事からすることになります。

1　登記期間

　NPO法人の設立の登記は、主たる事務所の所在地においては、所轄庁の設立の認証書が到達した日から2週間以内に、また、設立に際して従たる事務所を設置した場合には、その所在地が主たる事務所の管轄登記所の管轄区域外にあるときは、従たる事務所の所在地においては、主たる事務所の所在地において設立の登記をした日から2週間以内に、名称、主たる事務所の所在場所及び当該従たる事務所の所在場所を登記しなければならないとされています（組合等登記令2条1項、11条、24条）。

2　登記事項

　NPO法人の設立の登記においては、以下の事項を登記しなければならないとされています（組合等登記令2条2項）。

(1)　目的及び業務

　目的及び業務とは、事業を含む趣旨であるので、事項としては定款記載事項である、目的（NPO法11条1項1号）、その行う特定非営利活動の種類及び当該特定非営利活動に係る事業の種類（同項3号）並びに収益事業を行う場合には、その種類その他その収益事業に関する事項（同項11号）を登記しなければならないとされています（平成10.8.31民四第1605号民事局長通達）。

⑵　**名　称**

　　NPO 法人の名称を登記します。

　　NPO 法人は、その名称中に特定非営利活動法人という文字を用い
ることを強制されていませんので、特定非営利活動法人という文字を
含まないものであっても、当該登記の申請は受理されます。したがっ
て、設立の登記等の申請書に記載された名称からは、特定非営利活動
法人の設立の登記であることを確認することができない場合もあり得
ますが、そのような場合であっても、登記申請書及び添付書面から、
特定非営利活動法人であることが明らかであれば、受理して差し支え
ないとされています（平成 10.8.31 民四第 1605 号民事局長通達）。

　　また、特定非営利活動法人の名称中にローマ字を用いたものも、そ
のまま登記することができます。例えば、特定非営利活動法人がその
名称を「NPO 法人○○○○」として登記することも可能です。

⑶　**事務所の所在場所**

　　事務所の所在地とは異なり、具体的な事務所の所在地番までを登記
します。

⑷　**代表権を有する者の氏名、住所及び資格**

　　設立される NPO 法人においては、役員として理事 3 人以上及び監
事 1 人以上を置かなければならず（NPO 法 15 条）、理事は、全て
NPO 法人の業務について、NPO 法人を代表する（同法 16 条本文）と
されています。したがって、登記事項としては、各理事の氏名、住所
及び資格を登記しなければなりません。ただし、定款をもって、その
代表権を制限することができるとされています（同条ただし書）。
NPO 法人の理事は、全て NPO 法人を代表することが原則ですが、
定款をもって、特定の理事以外の理事の代表権を制限した場合には、
当該特定の理事のみが NPO 法人を代表することとなります。

　　この場合には、NPO 法人の登記簿には、代表権を有する者とし
て、当該特定の理事の氏名、住所及び資格を登記しなければならず
（組合等登記令 2 条 2 項 4 号）、それ以外の理事は代表権を有する者には
該当しないため、登記をすることを要しません。この場合における登
記すべき資格は、「理事」です。

　　また、各種法人等登記規則 5 条において、商業登記規則 81 条の 2

の規定が準用されていますので、NPO法人の役員欄に氏名が記載される者について婚姻による変更前の氏をも記録することができるとされています。すなわち、婚姻により氏を改めたNPO法人の役員であって、その申請により登記簿に氏名を記録すべきものにつき、その婚姻前の氏（記録すべき氏と同一であるときを除く。）をも記録するよう申し出ることができます（各種法人等登記規則5条、商業登記規則81条の2）。

(5) 代表権の範囲又は制限に関する定めがあるときはその定め

　　定款をもって、その代表権の一部が制限されたNPO法人の理事が存在する場合には、当該理事を登記するほか、当該理事に係る代表権の範囲又は制限に関する定めも登記しなければなりません（NPO法7条2項、組合等登記令2条2項6号、別表特定非営利活動法人の項の登記事項の欄）。

(6) 存続期間又は解散の事由を定めたときは、その期間又は事由

　　定款で存続期間又は解散の事由を定めたときは、その定めを登記します。

「資産の総額」の登記事項からの削除

> 　　資産の総額とは、積極財産から消極財産を差し引いた純資産をいいます（昭和39.2.26民事四発第72号民事局第四課長回答）。
>
> 　　改正前NPO法は、NPO法人に対し、「資産の総額」の登記を義務付けていました（NPO法7条1項、組合等登記令2条2項6号及び別表）が、改正法では、NPO法人はNPO法28条1項の規定による前事業年度の貸借対照表の作成後遅滞なく、定款で定める方法により、当該貸借対照表を公告しなければならないとされ（NPO法28条の2）、これに伴い、別途、組合等登記令の改正が行われ、改正政令により、NPO法人の登記事項から「資産の総額」が削除されました（改正前組合等登記令別表特定非営利活動法人の項登記事項欄中「資産の総額」の削除）。
>
> 　　資産の総額が登記事項でなくなったことから、施行の際に現にされている「資産の総額」の登記は、登記官が職権で抹消するものとされています（平成30.9.27民商第110号民事局商事課長通知）。

3　添付書類

　主たる事務所の所在地においてする NPO 法人の設立の登記の申請書には、次の書面を添付しなければならないとされています（組合等登記令 16 条、25 条、商業登記法 19 条）。

　なお、登記の申請書に添付すべき書面につきその作成に代えて電磁的記録の作成がされているときは、当該電磁的記録に記録された情報の内容を記録した電磁的記録（法務省令で定めるものに限る。）を当該申請書に添付しなければならないとされています（組合等登記令 25 条、商業登記法 19 条の 2）。

⑴　定款（組合等登記令 16 条 2 項）

　定款は、NPO 法人の組織・活動を定める根本規則です。登記事項は、定款に記載されている事項が多く、また、定款に解散の事由を定めているときはこれも登記することになりますので、これらの事項を証明するものとして、定款を添付します。

⑵　法人を代表すべき者の資格を証する書面（組合等登記令 16 条 2 項）

　法人を代表すべき者の資格を証する書面には、代表者が選任されたこと及びその者が就任を承諾したことを証する書面が該当します。

　NPO 法人の設立当初の役員は、定款で定めなければならないとされていますので（NPO 法 11 条 2 項）、選任機関によって理事が選任されたことを証する書面は、当該定款ということになります。したがって、この場合には、定款の添付で足ります。

　また、代表権を有する者（理事）の就任を承諾したことを証する書面（就任承諾書）を添付する必要がありますが、理事が各自法人を代表する場合には、理事全員の就任承諾書を添付します。

　ところで、特定の理事（理事長等）のみが法人を代表する場合には、定款所定の方法によって特定の理事が代表権を有する理事に選定されたことを証する書面を添付する必要があります。定款の附則に設立当初の役員が定められている場合において、当該附則に、代表権を有する理事が理事長等として定められている場合には、当該定款が特定の理事が代表権を有する理事に選定されたことを証する書面を兼ねることになるため、別に特定の理事が代表権を有する理事に選定されたことを証する書面を添付する必要はないと解されています（山森航

太「特定非営利活動促進法の一部を改正する法律の施行に伴う法人登記事務の取扱いについて」民事月報 67 巻 2 号 22 頁）。この場合には、理事長等に選定された理事についての理事に就任することについての就任承諾書（代表権を有する理事以外の理事については、登記することを要しないため、就任承諾書の添付は必要ありません。前掲書）及び理事長等に選定された理事についての理事長等に就任することについての就任承諾書を添付する必要があります（ただし、この書面は、定款に理事の互選又は理事会の決議により代表権を有する理事を選定する旨の定めがある場合に限り、添付する必要があるとされています。前掲書）。

(3)　**理事の代表権の範囲又は制限に関する定めがある場合のその定めを証する書面**（組合等登記令 16 条 3 項）

　　登記事項を証する書面には、定款が該当します。

(4)　**所轄庁の設立の認証書**（組合等登記令 25 条、商業登記法 19 条）

　　NPO 法人を設立するためには、法律に定められた書類を添付した申請書を、所轄庁に提出し、設立の認証を受けることが必要です（NPO 法 10 条 1 項）。この所轄庁による設立の認証は、法人設立の効力要件とされていますので、認証の有無を証するために添付します。

申請書書式

（主たる事務所の所在地においてする設立の登記）

特定非営利活動法人設立登記申請書

　　フリガナ　　　　　　ヒマワリカイ
1　名　　　　称　　　特定非営利活動法人向日葵会（注1）
1　主たる事務所　　　東京都中野区中央一丁目1番1号
1　登記の事由　　　　令和○年○月○日設立の手続終了（注2）
1　登記すべき事項　　別紙のとおりの内容をオンラインにより提出済み
　　　　　　　　　　　　　　　　　　　　　　　　　　　　（注3）

（同時に、役員について、婚姻前の氏を記録するよう申し出る場合に記録
します）

　　下記の者につき、婚姻前の氏を記録するよう申し出ます。
　　なお、婚姻前の氏を証する書面として、
　　□戸籍の全部証明書・個人事項証明書・一部事項証明書、戸籍謄
　　　本・抄本
　　□その他（　　　　　　　　　　　　　）
　　を添付します。

　　　　　　　記
　　婚姻前の氏をも記録する者の資格及び氏名
　　　　資格　　　　　理事
　　　　氏名　　　　　甲山太郎
　　　記録すべき婚姻前の氏　　　丁海　　　　　　　（注4）

1　認証書到達の年月日　　令和○年○月○日
1　添付書類　　　　　　　定款　　　　　　　　1通
　　　　　　　　　　　　　認証書　　　　　　　1通（注5）
　　　　　　　　　　　　　就任承諾書　　　　　○通（注6）
　　　　　　　　　　　　　委任状　　　　　　　1通（注7）

　　上記のとおり登記の申請をします。
　　　令和○年○月○日

東京都中野区中央一丁目1番1号
申　請　人　　特定非営利活動法人向日葵会
東京都豊島区池袋一丁目1番1号
理　　　　事　　甲　山　太　郎　㊞（注8）
東京都新宿区新宿一丁目1番1号
上記代理人　　乙　川　一　郎　㊞（注9）
連絡先の電話番号　○○－○○○○－○○○○

東京法務局　中野出張所　御中

（注1）名称のフリガナは、法人の種類を表す部分（特定非営利活動法人）を除いて、片仮名で、左に詰めて記載します。

（注2）設立手続終了の日として、認証書の到達した日を記載します。

（注3）登記すべき事項を CD-R（又は DVD-R）に記録し、登記所に提出することもできますし、CD-R に代えて、オンラインにより提出することもできます。

（注4）設立の登記の申請をする者は、婚姻により氏を改めた理事につき、婚姻前の氏をも登記するよう申し出ることができます。この申出をするには、当該婚姻前の氏についての証明書を添付しなければなりません。

（注5）特定非営利活動法人を設立するには、定款を作成し、設立について所轄庁の認証を得なければなりません。所轄庁は、主たる事務所の所在地の都道府県知事（事務所が一の指定都市の区域内のみ所在する場合には、当該指定都市の長）です。

（注6）特定非営利活動法人の設立当初の役員は、定款で定めなければならないとされていますので、定款をもって、代表権を有する理事のみが法人を代表することとしている場合における理事の登記に関する設立の登記の申請書に添付すべき「代表すべき者の資格を証する書面」には、定款及び代表権を有する理事に選定された理事についての理事に就任することについての就任承諾書を添付します。

　　また、定款の定めに基づき、理事の互選により代表権を有する理事を選定した場合には、理事の互選を証する書面及び代表権を有する理事に就任することについての就任承諾書が法人を代表すべき者の資格を証する書面に該当します。

（注7）代理人に登記申請を委任した場合に添付します。

（注8）理事の印鑑は、理事が登記所に提出した印鑑を押印します。

　　設立登記の申請書に押印すべき理事は、あらかじめ登記所に印鑑を提出することとされていますので、理事の印鑑について、印鑑届書を提出する

必要があります。なお、この印鑑届書には、市町村長の作成した3か月以内の印鑑証明書を添付する必要があります（組合等登記令25条、商業登記法20条、各種法人等登記規則5条、商業登記規則9条5項1号）。

（注9）代理人が申請する場合に記載し、代理人の印鑑を押印します。この場合には、理事の押印は必要ありません。

（登記すべき事項をオンラインにより提供する場合の別紙の例）

「名称」特定非営利活動法人向日葵会

「主たる事務所」東京都中野区中央一丁目1番1号

「目的等」

目的及び事業

　この法人は、介護者を必要とする人に対して、介護の相談及び支援に関する事業を行い、地域社会の福祉の増進に寄与することを目的とする。

　この法人は、その目的を達成するため、次に掲げる種類の特定非営利活動を行う。

1　保健、医療又は福祉の増進を図る活動

2　まちづくりの推進を図る活動

　この法人は、その目的を達成するため、次の事業を行う。

1　特定非営利活動に係る事業

（1）　高齢者等への訪問介護事業

（2）　高齢者等への介護に関する相談事業

（3）　高齢者福祉に関する施設の設置及び運営

（4）　まちづくりに関する調査研究及び提言活動

2　その他の事業

（1）　介護用品の販売

（2）　手芸品の制作・販売

　【特定の理事（理事長等）のみが法人を代表する旨の定款の定めがある場合】

　この場合には、理事長等に選定された理事のみを「理事」の資格で登記します。

「役員に関する事項」

「資格」理事

「住所」東京都豊島区池袋一丁目1番1号

「氏名」甲山太郎（丁海太郎）

　【理事が各自法人を代表する場合】

この場合には、理事全員を登記することになります。

「役員に関する事項」

「資格」理事

「住所」東京都豊島区池袋一丁目1番1号

「氏名」甲山太郎（丁海太郎）

「役員に関する事項」

「資格」理事

「住所」○県○市○町○丁目○番○号

　　「氏名」〇〇〇〇
　　「役員に関する事項」
　　「資格」理事
　　「住所」東京都〇区〇町〇丁目〇番〇号
　　「氏名」〇〇〇〇
　　「解散の事由」〇〇
　　「登記記録に関する事項」設立

特定非営利活動法人向日葵会定款

第1章　総　則

（名称）

第1条　この法人は、特定非営利活動法人向日葵会という。

（事務所）

第2条　この法人は、主たる事務所を東京都中野区中央1丁目1番1号に置く。

第2章　目的及び事業

（目的）

第3条　この法人は、介護を必要とする人に対して、介護の相談及び支援に関する事業を行い、地域社会の福祉に寄与することを目的とする。

（特定非営利活動の種類）

第4条　この法人は、その目的を達成するため、次に掲げる種類の特定非営利活動を行う。

⑴　保健、医療又は福祉の増進を図る活動

⑵　まちづくりの推進を図る活動

（事業）

第5条　この法人は、その目的を達成するため、次の事業を行う。

⑴　特定非営利活動に係る事業

　1　高齢者等への訪問介護事業

　2　高齢者等への介護に関する相談事業

　3　高齢者福祉に関する施設の設置及び運営

　4　まちづくりに関する調査研究及び提言活動

⑵　その他の事業

　1　介護用品の販売

　2　手芸品の制作・販売

2　前項第2号に掲げる事業は、同項第1号に掲げる事業に支障がない限り行うものとし、収益を生じた場合は、同項第1号に掲げる事業に充てるものとする。

第3章　会　員

（種別）

第6条　この法人の会員は、次の2種とし、正会員をもって特定非営利活

動促進法（以下「法」という。）上の社員とする。

⑴　正会員　この法人の目的に賛同して入会した個人又は団体

⑵　賛助会員　この法人の事業を賛助する個人又は団体で、理事長が推薦するもの

第4章　役員及び職員

（種別及び定数）

第○条　この法人に次の役員を置く。

⑴　理事　3人以上5人以内

⑵　監事　1人

2　理事のうち、1人を理事長、1人を副理事長とする。

（選任等）

第○条　理事又は監事は、総会において選任する。

2　理事長及び副理事長は、理事の互選とする。

3　役員のうちには、それぞれの役員について、その配偶者若しくは3親等以内の親族が1人を超えて含まれ、又は当該役員並びにその配偶者及び3親等以内の親族が役員の総数の3分の1を超えて含まれることになってはならない。

4　監事は、理事又はこの法人の職員を兼ねることができない。

（職務）

第○条　理事長はこの法人を代表し、その業務を総理する。

2　理事長以外の理事は、法人の業務について、この法人を代表しない。

3　副理事長は、理事長を補佐し、理事長に事故あるとき又は理事長が欠けたときは、理事長があらかじめ指名した順序によって、その職務を代行する。

4　理事は、理事会を構成し、この定款の定め及び理事会の議決に基づき、この法人の業務を執行する。

5　監事は、次に掲げる職務を行う。

⑴　理事の職務執行の状況を監査する。

⑵　この法人の財産の状況を監査すること。

⑶　○○○○

（任期等）

第○条　役員の任期は、○年とする。ただし、再任を妨げない。

2　前項の規定にかかわらず、後任の役員が選任されていない場合には、任期の末日後最初の総会が終結するまでその任期を伸長する。

3　補欠のため、又は増員によって就任した役員の任期は、それぞれの前任者又は現任者任期の残存期間とする。

4　役員は、辞任又は任期満了後においても、後任者が就任するまでは、

その職務を行わなければならない。

（欠員補充）

第〇条　理事又は監事のうち、その定数の3分の1を超える者が欠けたときは、遅滞なくこれを補充しなければならない。

（解任）

第〇条　役員が次の各号の一に該当するに至ったときは、総会の決議により、これを解任することができる。

(1)　〇〇〇〇

(2)　〇〇〇〇

(3)　〇〇〇〇

第5章　総　会

（種別）

第〇条　この法人の総会は、通常総会及び臨時総会の2種とする。

（構成）

第〇条　総会は、正会員をもって構成する。

（権能）

第〇条　総会は、以下の事項について議決する。

(1)　定款の変更

(2)　解散

(3)　合併

(4)　〇〇〇〇

（開催）

第〇条　通常総会は、毎事業年度1回開催する。

2　臨時総会は、次の各号の一に該当する場合に開催する。

(1)　理事会が必要と認め招集の請求をしたとき。

(2)　正会員総数の5分の1以上から会議の目的である事項を記載した書面をもって招集の請求があったとき。

（招集）

第〇条　総会は理事長が招集する。

2　理事長は、理事会が必要と認め招集の請求をしたとき又は正会員総数の5分の1以上から会議の目的である事項を記載した書面をもって招集の請求がされたときは、その日から20日以内に臨時総会を招集しなければならない。

3　総会を招集するには、会議の日時、場所、目的及び決議事項を記載した書面をもって、少なくとも会日の5日前までに通知しなければならない。

（議長）

第〇条　総会の議長は、その総会において、出席した正会員の中から選出

する。

（定足数）

第〇条　総会は、正会員総数の２分の１以上の出席がなければ開催することができない。

（議決）

第〇条　総会における議決事項は、総会招集手続において、あらかじめ通知した事項とする。

2　総会の議事は、この定款に規定するもののほか、出席した正会員の過半数をもって決し、可否同数のときは、議長の決するところによる。

3　理事又は社員が総会の目的である事項について提案した場合において、社員の全員が書面又は電磁的記録により同意の意思表示をしたときは、当該提案を可決する旨の社員総会の決議があったものとみなす。

（表決権等）

第〇条　各正会員の表決権は平等であるものとする。

2　総会に出席できない正会員は、あらかじめ通知された事項について書面をもって表決し、又は他の正会員を代理人として表決を委任することができる。

3　前項の規定により表決した正会員は、総会に出席したものとみなす。

4　総会の議決について、特別の利害関係を有する正会員は、その議事の議決に加わることができない。

（議事録）

第〇条　総会の議事については、次の事項を記載した議事録を作成しなければならない。

(1)　開催日時及び場所

(2)　正会員総数及び出席した正会員数

(3)　議事の経過の要領及び結果

(4)　議事録署名人の選任に関する事項

2　議事録には、議長及びその総会において選任された議事録署名人が署名、押印しなければならない。

3　前２項の規定にかかわらず、理事又は社員が総会の目的である事項について提案をした場合において、社員の全員が書面又は電磁的記録により同意の意思表示をしたことにより、当該提案を可決する旨の総会の決議があったものとみなされるときは、次の事項を内容とする議事録を作成しなければならない。

(1)　決議があったものとみなされた事項の内容

(2)　提案をした者の氏名又は名称

(3)　決議があったものとみなされた日

（4） 議事録の作成に係る職務を行った者の氏名

第6章　理事会

（構成）
第○条　理事会は理事をもって構成する。
（権能）
第○条　理事会は、この定款で定めるもののほか、次の事項を議決する。
（1） 総会に付議すべき事項
（2） ○○○○
（3） ○○○○
（招集）
第○条　理事会は理事長が招集する。
（議長）
第○条　理事会の議長は、理事長がこれに当たる。
（議事録）
第○条　理事会の議事については、次の事項を記載した議事録を作成しな
　　ければならない。
（1） 開催日時及び場所
（2） 理事総数、出席理事数及び出席した理事の氏名
（3） 審議事項
（4） 議事の経過の要領及び結果
（5） 議事録署名人の選任に関する事項
2　議事録には、議長及びその理事会において選任された議事録署名人が
　　署名、押印しなければならない。

第7章　資産及び会計

（資産の構成）
第○条　この法人の資産は、次の各号に掲げるものをもって構成する。
（1） 設立時の財産目録に記載された資産
（2） 入会金及び会費
（3） 寄附金品
（4） 財産から生じる収益
（5） 事業に伴う収益
（6） その他の収益
（資産の区分）
第○条　この法人の資産は、これを分けて特定非営利活動に係る事業に関
　　する資産及びその他の事業に関する資産の2種とする。
（事業年度）

第○条　この法人の事業年度は、毎年4月1日に始まり翌年3月31日に終わる。

第8章　定款の変更、解散及び合併

（定款の変更）

第○条　この法人が定款を変更しようとするときは、総会に出席した正会員の4分の3以上の多数による議決を経て、かつ、法25条3項に規定する以下の事項を変更する場合には、所轄庁の認証を得なければならない。

(1)　目的

(2)　名称

(3)　その行う特定非営利活動の種類及び当該特定非営利活動に係る事業の種類

(4)　主たる事務所及びその他の事務所の所在地（所轄庁の変更を伴うものに限る。）

(5)　社員の資格の得喪に関する事項

(6)　役員に関する事項（役員の定数に係るものを除く。）

(7)　会議に関する事項

(8)　その他の事業を行う場合における、その種類その他当該その他の事業に関する事項

(9)　解散に関する事項（残余財産の帰属すべき者に係るものに限る。）

(10)　定款の変更に係る事項

（解散）

第○条　この法人は、次に掲げる事由により解散する。

(1)　総会の決議

(2)　定款で定めた解散事由の発生

(3)　目的とする特定非営利活動に係る事業の成功の不能

(4)　正会員の死亡

(5)　合併

(6)　破産手続開始の決定

(7)　設立の認証の取消し

2　前項第1号の事由により解散するときは、正会員総数の4分の3以上の承認を得なければならない。

3　第1項第3号の事由により解散するときは、所轄庁の認定を得なければならない。

（残余財産の帰属）

第○条　この法人が解散した場合の残余財産は、合併及び破産手続開始の決定による解散の場合を除き、特定非営利活動法人のうちから選定されたものに帰属させるものとする。

（合併）

第○条　この法人が合併しようとするときは、総会において正会員総数の
4分の3以上の議決を経て、所轄庁の認証を受けなければならない。

第9章　公告の方法

（公告の方法）

第○条　この法人の公告は、この法人の掲示場に掲示するとともに、官報
に掲載して行う。

附　　則

1　この定款は、この法人の成立の日から施行する。

2　この法人の設立当初の役員は、次に掲げる者とする。

　理事長　　甲　山　太　郎

　副理事長　○　○　○　○

　理事　　　○　○　○　○

　監事　　　○　○　○　○

3　この法人の設立当初の役員の任期は、第○条○項の規定にかかわら
ず、成立の日から○年○月○日までとする。

4　この法人の設立当初の事業計画及び収支予算は、第○条の規定にかか
わらず、設立総会の定めるところによるものとする。

5　この法人の設立当初の事業年度は、第○条の規定にかかわらず、成立
の日から○年○月○日までとする。

　　　　　　　　　　　　　　　これは、当法人の定款である。
　　　　　　　　　　　　　　　東京都中野区中央一丁目1番1号
　　　　　　　　　　　　　　　特定非営利活動法人向日葵会
　　　　　　　　　　　　　　　理事　　　甲　山　太　郎　㊞

　　　　　　（注　設立登記の申請書に定款を添付するには、
　　　　　　　　上記のように、定款の末尾に当該法人の定款
　　　　　　　　である旨、主たる事務所及び名称並びに理事
　　　　　　　　の資格及び氏名を記載し、当該理事が登記所
　　　　　　　　に提出している印鑑を押印します。また、各
　　　　　　　　ページの綴り目にその印鑑で契印をします。）

（就任承諾書─理事に選定された理事についての理事に就任することについての就任承諾書）

就 任 承 諾 書

　私は、今般理事に選任されたのでその就任を承諾します。

　　　令和○年○月○日

　　　　　　　　　　　　　　　　　　東京都豊島区池袋一丁目1番1号
　　　　　　　　　　　　　　　　　　　甲　山　太　郎　㊞

　　　特定非営利活動法人向日葵会　　御中

（注）理事が各自法人を代表する場合には、理事全員の就任承諾書を添付します。

（就任承諾書─理事長に選定された理事についての理事長に就任することについての就任承諾書）

就 任 承 諾 書

　私は、今般理事長に選定されたのでその就任を承諾します。

　　　令和○年○月○日

　　　　　　　　　　　　　　　　　　東京都豊島区池袋一丁目1番1号
　　　　　　　　　　　　　　　　　　　甲　山　太　郎　㊞

　　　特定非営利活動法人向日葵会　　御中

（委任状）

委　任　状

東京都新宿区新宿一丁目1番1号

乙　川　一　郎

　私は、上記の者を代理人に定め、次の権限を委任する。

1　当法人設立登記を申請する一切の件
1　原本還付の請求及び受領の件

　なお、認証書到達の年月日は、令和○年○月○日である。

　　令和○年○月○日

東京都中野区中央一丁目1番1号
特定非営利活動法人向日葵会
　　理事　　甲　山　太　郎　㊞

（注）理事の印鑑は、理事が登記所に提出している印鑑を押印します。

NPO 法人の設立に際して従たる事務所を設け、その従たる事務所の所在地においてする当該 NPO 法人の設立の登記の申請はどのようにするのですか。

　NPO 法人の設立に際して従たる事務所を設けた場合には、この登記を主従一括申請の方法によって申請することができますが、各々別個に申請することもできます。なお、主従一括申請の場合には、主たる事務所の所在地を管轄する登記所を経由してすることになります（組合等登記令 25 条、商業登記法 49 条 1 項）。すなわち、従たる事務所の所在地においてする登記の申請と主たる事務所の所在地においてする登記の申請とは、一つの書面で同時に申請しなければならないとされています（組合等登記令 25 条、商業登記法 49 条 3 項、各種法人等登記規則 5 条、商業登記規則 63 条 1 項）。主従一括申請の場合には、1 件につき 300 円（登記手数料令 12 条）の収入印紙で手数料を納付します。

　ここでは、主たる事務所の所在地を管轄する登記所を経由しないでする登記手続について説明することにします。

1　登記期間

　設立に際して従たる事務所を設置した場合は、その所在地が主たる事務所の管轄登記所以外であるときは、主たる事務所の所在地における設立の登記をした日から 2 週間以内に、当該従たる事務所の所在地における登記をしなければならないとされています（組合等登記令 11 条 1 項 1 号）。

2　登記事項

　従たる事務所の所在地における登記においては、次に掲げる事項を登記しなければなりません（組合等登記令 11 条 2 項）。

① 　名称（同項 1 号）

② 　主たる事務所の所在場所（同項 2 号）

③ 　従たる事務所（その所在地を管轄する登記所の管轄区域内にあるものに限る。）の所在場所（同項 3 号）

④ 　会社成立の年月日（組合等登記令 25 条、商業登記法 48 条 2 項）

3　添付書面

　　従たる事務所の所在地における設立の登記申請書には、主たる事務所の所在地においてした登記を証する登記事項証明書を添付すれば足り、委任状を含めその他の書類を添付する必要はありません（組合等登記令25条、商業登記法48条1項）。また、設立したNPO法人の会社法人等番号を登記申請書に記載した場合は、登記事項証明書を添付する必要はないとされています（組合等登記令25条、商業登記法19条の3、各種法人等登記規則5条、商業登記規則36条の3）。

設立登記が完了した場合に所轄庁に対して行う設立登記完了届とは、どのようなものですか。

　　NPO法人は、認証された後に、その主たる事務所の所在地において設立の登記をすることによって成立します（NPO法13条1項）。そして、NPO法人は、登記により法人として成立した後、遅滞なく、当該登記をしたことを証する登記事項証明書及びNPO法人成立時に作成する財産目録を添えて、その旨を所轄庁に届け出なければならないとされています（同条2項）。

　　なお、設立の認証を受けた者が認証のあった日から6か月を経過しても登記をしないときは、所轄庁は設立の認証を取り消すことができるとしています（同条3項）。

（設立登記完了届出書）

　　　　　　　　　　　　　　　　　　　　　　　　年　　月　　日

　　知事・市長　殿

　　　　　　　　　　　　　（特定非営利活動法人の名称）
　　　　　　　　　　　　　代表者氏名　　　　　　　　㊞
　　　　　　　　　　　　　電話番号

　　　　　　　　　　設立登記完了届出書

　　設立の登記を完了したので、特定非営利活動促進法第 13 条第 2 項の規
　定により、登記事項証明書及び財産目録を添えて届け出ます。

第4章　名称・目的等の変更

1　NPO法人の定款変更

定款の変更はどのようにするのですか。

1　定款変更の手続

　設立の際に登記した事項中、「名称」、「目的及び事業」を変更しよう
とする場合には、これらの事項はいずれも定款の記載事項ですから、定
款の変更が必要になります。

　定款の変更は、社員総会の議決を経なければならないとされています
（NPO法25条1項）。定款の変更に係る社員総会の議決は、社員総数の2
分の1以上が出席し、かつ、出席者の4分の3以上の多数をもってする
ことが原則ですが、定款に特別の定めがあるときは、その定めによるこ
とになります（同条2項）。

2　定款変更の認証

　名称、目的等に関する定款の変更は、所轄庁の認証を受けなければ、
その効力を生じないとされています（NPO法25条3項）。

　NPO法人は、定款の変更の認証を受けようとするときは、定款の変
更を議決した社員総会の議事録の謄本及び変更後の定款を添付した定款
変更の認証申請書を所轄庁に提出しなければなりません（同条4項前
段）。この場合において、定款の変更が、特定非営利活動の種類及び当
該特定非営利活動に係る事業の種類又はその他の事業を行う場合におけ
る、その種類その他当該その他の事業に関する事項に係る変更を含むも
のであるときは、当該定款の変更の日の属する事業年度及び翌事業年度
の事業計画書及び活動予算書を併せて添付しなければならないとされて
います（同条4項）。

　なお、申請を受理した所轄庁は、設立認証の場合と同様に、申請が
あった旨及び申請年月日、申請に係る定款の変更事項を公告し、又はイ

ンターネットの利用により公表するとともに、定款等を受理した日から1か月間、所轄庁の指定した場所において公衆の縦覧に供しなければならないとされています（同条5項、10条2項・3項）。

3　変更の登記

　設立の際に登記した事項中、目的及び業務、名称等に変更を生じた場合には、その変更の登記をしなければなりません。これら変更の登記をしなければならない事項は、変更の登記をした後でなければ、これをもって第三者に対抗することができないとされています（NPO法7条2項）。

　NPO法人は、定款の変更に係る登記をしたときは、遅滞なく、当該登記をしたことを証する登記事項証明書を所轄庁に提出しなければなりません（NPO法25条7項）。

2　NPO法人の名称の変更登記

NPO法人の名称の変更登記の手続について教えてください。

「名称」を変更しようとする場合には、名称は定款の記載事項ですから、定款の変更が必要になります。

　定款の変更は、NPO法25条1項の規定により、社員総会の議決を経なければならないとされています。社員総会の議決は、社員総数の2分の1以上が出席し、その出席者の4分の3以上の多数をもって決しなければならないとされていますが、定款に特別の定めがあるときは、その定めにより決することになります（NPO法25条2項）。

　名称の変更に係る定款の変更は、所轄庁の認証を受けなければ、その効力を生じないとされています（NPO法25条3項）。定款の変更は、登記をした後でなければ、第三者に対抗することはできません（NPO法7条2項）。なお、定款の変更に係る登記をしたときは、NPO法人は、遅滞なく、当該登記をしたことを証する登記事項証明書を所轄庁に提出しなけれ

ばなりません（NPO 法 25 条 7 項）。

1　登記期間等

　名称に係る変更の登記の申請は、所轄庁からの変更の認証書が到達した日（組合等登記令 24 条）から 2 週間以内に、その主たる事務所の所在地において、変更の登記をしなければなりません（組合等登記令 3 条 1 項）。また、名称は、従たる事務所の所在地においても登記すべき事項とされていますので、3 週間以内に従たる事務所の所在地においても名称変更の登記をしなければなりません（組合等登記令 11 条 3 項）。

2　申請人

　法人を代表すべき理事が申請人となります。

3　添付書類

　名称の変更の登記の申請書には、登記事項の変更を証する書面として、社員総会の議事録、定款及び所轄庁の定款変更の認証書を添付しなければなりません（組合等登記令 17 条 1 項、25 条、商業登記法 19 条、各種法人等登記規則 5 条、商業登記規則 61 条 1 項）。なお、代理人によって申請する場合には、その権限を証する書面を添付しなければなりません（組合等登記令 25 条、商業登記法 18 条）。

　従たる事務所の所在地において申請するときは、主たる事務所の所在地において登記したことを証する書面として登記事項証明書を添付することになります。この場合は、委任状を含め他の書面の添付は必要ありません（組合等登記令 25 条、商業登記法 48 条 1 項）。また、従たる事務所の所在地においてする登記の申請書に、当該法人の会社法人等番号を記載した場合には、添付しなければならないとされている登記事項証明書を添付することを要しないとされています（組合等登記令 25 条、商業登記法 19 条の 3、各種法人等登記規則 5 条、商業登記規則 36 条の 3、平成 27.9.30 民商第 122 号民事局長通達）。

申請書書式
（名称変更の登記）

特定非営利活動法人変更登記申請書

1　会 社 法 人 等 番 号　○○○○－○○－○○○○○○（注1）

　　　　　　　　　　　　　ヒマワリカイ（注2）

1　名　　　　　　　称　特定非営利活動法人向日葵会

1　主 た る 事 務 所　東京都中野区中央一丁目1番1号

1　登 記 の 事 由　名称変更

1　認証書到達の年月日　令和○年○月○日

1　登 記 す べ き 事 項　別紙のとおりの内容をオンラインにより提出済み

　　　　　　　　　　　　　　　　　　　　　　　　　　　（注3）

1　添　付　書　類　社員総会議事録　　　1通

　　　　　　　　　　　認証書　　　　　　1通

　　　　　　　　　　　定款　　　　　　　1通

　　　　　　　　　　　委任状　　　　　　1通（注4）

　上記のとおり登記の申請をします。

　　令和○年○月○日

　　　　　　　　　東京都中野区中央一丁目1番1号

　　　　　　　　　申 　請 　人　　特定非営利活動法人青空向日葵の会

　　　　　　　　　　　　　　　　　（注5）

　　　　　　　　　東京都豊島区池袋一丁目1番1号

　　　　　　　　　理　　　事　　甲 山 太 郎　㊞（注6）

　　　　　　　　　東京都新宿区新宿一丁目1番1号

　　　　　　　　　上記代理人　　乙 川 一 郎　㊞（注7）

　　　　　　　　　連絡先の電話番号　○○－○○○○－○○○○

　東京法務局　中野出張所　御中（注8）

（注1）会社法人等番号が分かる場合に記載します。

（注2）名称のフリガナは、法人の種類を表す部分（特定非営利活動法人）を除いて、片仮名で、左に詰めて記載します。

（注3）登記すべき事項をCD-R（又はDVD-R）に記録し、登記所に提出することもできますし、CD-Rに代えて、オンラインにより提出することもでき

ます。

（注４）代理人に登記申請を委任した場合に添付します。

（注５）変更後の名称を記載します。

（注６）理事の印鑑は、理事が登記所に提出した印鑑を押印します。

（注７）代理人が登記申請する場合に記載し、代理人の印鑑を押印します。理事の印鑑は、委任状に押印しているので、申請書には押印の必要はありません。

（注８）登記申請は、登記所に出向かずに郵送又はインターネットを利用したオンラインによってすることもできます。

（登記すべき事項をオンラインにより提供する場合の別紙の例）

「名称」特定非営利活動法人青空向日葵の会
「原因年月日」令和〇年〇月〇日変更

（社員総会議事録）

社員総会議事録

1　開　催　日　時　　令和○年○月○日午前 10 時
1　開　催　場　所　　当法人事務所（東京都中野区中央一丁目1番1号）
1　総　社　員　数　　○名
1　出席した社員数　　○名
1　審　議　事　項　　名称の変更について
1　議長選任の経過
　　定刻に至り、司会者○○○○は開会を宣言し、本日の社員総会は定款所定数を満たしたので有効に成立した旨を告げ、議長の選任方法を諮ったところ、満場一致をもって○○○○が議長に選任された。続いて議長から挨拶の後、議案の審議に入った。
1　議事の経過の要領及び議決の結果

　　議　案　定款変更の件

　　　議長は、この法人の定款を次のとおり変更したい旨理事会から付議されたので、これを議場に諮ったところ、満場一致をもって意義なく可決決定した。
　　（名称）
　　　第○条　この法人は、特定非営利活動法人青空向日葵の会という。
1　議事録署名人の選任に関する事項
　　議長から、次の者を議事録署名人に選任したい旨を述べ、これを議場に諮ったところ、満場一致をもって次の者が議事録署名人に選任された。
　　　　　議事録署名人　　○○○○
　　　　　同　　　　　　　○○○○

　以上をもって社員総会の議案全部の審議を終了したので、議長は閉会を宣言し、午前 11 時 30 分散会した。

　上記の議決を明確にするため、議長及び議事録署名人において、次に記名押印する。

　　令和○年○月○日

　　　　　　　　　　　　　特定非営利活動法人青空向日葵の会

社員総会において
　議長　　　　　〇〇〇〇　㊞
　議事録署名人　〇〇〇〇　㊞
　同　　　　　　〇〇〇〇　㊞

（注）議事録が複数ページになる場合は、議事録署名人の１名が各ページの綴り
　　　目に契印します。

（委任状）

委　任　状

東京都新宿区新宿一丁目１番１号
乙　川　一　郎

　私は、上記の者を代理人に定め、次の権限を委任する。

1　当法人の名称変更の登記を申請する一切の件
1　原本還付の請求及び受領の件

　なお、認証書到達の年月日は、令和〇年〇月〇日である。

　　令和〇年〇月〇日

東京都中野区中央一丁目１番１号
特定非営利活動法人青空向日葵の会
理事　　甲　山　太　郎　㊞

（注）理事の印鑑は、当該理事が登記所に提出している印鑑を押印します。

3　NPO 法人の目的及び業務の変更登記

NPO 法人の目的及び業務の変更登記の手続について教えてください。

1　登記期間

　目的及び業務に変更が生じた場合は、定款の変更が必要であり、その変更は、社員総会の議決を経て（NPO 法 25 条 1 項）、所轄庁の認証を受けなければ効力を生じないとされています（NPO 法 25 条 3 項）。このように、登記すべき事項であって所轄庁の認証を要するものについては、所轄庁からの変更の認証書が到達した日（組合等登記令 24 条）から 2 週間以内に、その主たる事務所の所在地において、変更の登記をしなければなりません（同令 3 条 1 項）。なお、目的及び業務については、従たる事務所の所在地における登記事項とはされていませんので、従たる事務所の所在地においては、変更の登記をすることを要しません。

2　申請人

　法人を代表すべき理事が申請人となります。

3　登記すべき事項

　目的及び業務に変更を生じたときは、変更の登記をしなければなりません。目的及び業務とは、事業を含む趣旨ですので、事項としては定款記載事項である、目的（NPO 法 11 条 1 項 1 号）、その行う特定非営利活動の種類及び当該特定非営利活動に係る事業の種類（同条 1 項 3 号）並びに特定非営利活動に係る事業以外の事業を行う場合には、その種類その他当該その他の事業に関する事項（同条 1 項 11 号）を登記しなければなりません。

4　添付書類

　主たる事務所の所在地においてする NPO 法人の変更の登記の申請書には、登記事項の変更を証する書面として、定款変更に関する社員総会議事録、定款及び所轄庁の認証書並びに代理人によって申請する場合は、その権限を証する書面を添付しなければなりません（組合等登記令 17 条 1 項、25 条、商業登記法 18 条、19 条、各種法人等登記規則 5 条、商業

登記規則 61 条 1 項)。

申請書書式

(目的及び事業の変更登記)

特定非営利活動法人変更登記申請書

1 会 社 法 人 等 番 号 　〇〇〇〇-〇〇-〇〇〇〇〇〇（注1）
　フリガナ 　　　　　　　　ヒマワリカイ（注2）
1 名 　　　　　　 称 　特定非営利活動法人向日葵会
1 主 た る 事 務 所 　東京都中野区中央一丁目1番1号
1 登 記 の 事 由 　目的及び事業の変更
1 認証書到達の年月日 　令和〇年〇月〇日
1 登 記 す べ き 事 項 　別紙のとおりの内容をオンラインにより提出済み
　　　　　　　　　　　　　　　　　　　　　　　　　　　　（注3）
1 添 　付 　書 　類 　社員総会議事録 　　　1通
　　　　　　　　　　認証書 　　　　　　　1通
　　　　　　　　　　定款 　　　　　　　　1通
　　　　　　　　　　委任状 　　　　　　　1通（注4）

　上記のとおり登記の申請をします。
　　令和〇年〇月〇日

　　　　　　　　　　　　　東京都中野区中央一丁目1番1号
　　　　　　　　　　　　　申 　請 　人 　　特定非営利活動法人向日葵会
　　　　　　　　　　　　　東京都豊島区池袋一丁目1番1号
　　　　　　　　　　　　　理 　　　事 　　甲 　山 　太 　郎 　㊞（注5）
　　　　　　　　　　　　　東京都新宿区新宿一丁目1番1号
　　　　　　　　　　　　　上記代理人 　　乙 　川 　一 　郎 　㊞（注6）
　　　　　　　　　　　　　連絡先の電話番号 　〇〇-〇〇〇〇-〇〇〇〇

　東京法務局 　中野出張所 　御中（注7）

（注1）会社法人等番号が分かる場合に記載します。
（注2）名称のフリガナは、法人の種類を表す部分（特定非営利活動法人）を除
　　いて、片仮名で、左に詰めて記載します。

（注3）登記すべき事項をCD-R（又はDVD-R）に記録し、登記所に提出することもできますし、CD-Rに代えて、オンラインにより提出することもできます。

（注4）代理人に登記申請を委任した場合に添付します。

（注5）理事の印鑑は、理事が登記所に提出した印鑑を押印します。

（注6）代理人が登記申請する場合に記載し、代理人の印鑑を押印します。理事の印鑑は、委任状に押印しているので、申請書には押印の必要はありません。

（注7）登記申請は、登記所に出向かずに郵送又はインターネットを利用したオンラインによってすることもできます。

（登記すべき事項をオンラインにより提供する場合の別紙の例）

「目的等」
目的及び事業
　この法人は、○○に対して、○○に関する事業を行い、○○に寄与することを目的とする。
　この法人は、上記の目的を達成するため、次に掲げる種類の特定非営利活動を行う。
1　○○活動
2　○○活動
　この法人は、上記の目的を達成するため、次の事業を行う。
1　特定非営利活動に係る事業
　(1)　○○事業
　(2)　○○事業
2　その他の事業
　(1)　○○事業
　(2)　○○事業
「原因年月日」令和○年○月○日変更

（注）目的及び事業の変更が一部のみである場合でも、変更がない部分も含めて全てを記載します。

（社員総会議事録）

社員総会議事録

1　開　催　日　時　　令和○年○月○日午前 10 時
1　開　催　場　所　　当法人事務所（東京都中野区中央一丁目 1 番 1 号）
1　総　社　員　数　　○名
1　出席した社員数　　○名
1　審　議　事　項　　目的及び事業の変更について
1　議長選任の経過

　　定刻に至り、司会者○○○○は開会を宣言し、本日の社員総会は定款所定数を満たしたので有効に成立した旨を告げ、議長の選任方法を諮ったところ、満場一致をもって○○○○が議長に選任された。続いて議長から挨拶の後、議案の審議に入った。

1　議事の経過の要領及び議決の結果

　議　案　定款変更の件

　　議長は、この法人の定款を次のとおり変更したい旨理事会から付議されたので、これを議場に諮ったところ、満場一致をもって異議なく可決決定した。

　（特定非営利活動の種類）
　第○条　この法人は、第○条の目的を達成するため、次に掲げる種類の特定非営利活動を行う。
　　(1)　○○活動
　　(2)　○○活動
　（事業）
　第○条　この法人は、第○条の目的を達成するため、次の事業を行う。
　　　1　特定非営利活動に係る事業
　　　(1)　○○事業
　　　(2)　○○事業
　　　2　その他の事業
　　　(1)　○○事業
　　　(2)　○○事業

1　議事録署名人の選任に関する事項

　　議長から、次の者を議事録署名人に選任したい旨を述べ、これを議場に諮ったところ、満場一致をもって次の者が議事録署名人に選任された。

　　議事録署名人　○○○○

　　　　同　　　　　　　　○○○○

　以上をもって社員総会の議案全部の審議を終了したので、議長は閉会を
宣言し、午前11時30分散会した。

　上記の議決を明確にするため、議長及び議事録署名人において、次に記
名押印する。

　　令和○年○月○日

　　　　　　　　　　　　　特定非営利活動法人向日葵会
　　　　　　　　　　　　　社員総会において
　　　　　　　　　　　　　議長　　　　　　○○○○　㊞
　　　　　　　　　　　　　議事録署名人　○○○○　㊞
　　　　　　　　　　　　　同　　　　　　　○○○○　㊞

（注） 議事録が複数頁になる場合は、議事録署名人の1名が各頁の綴り目に契印
　　します。

（委任状）

委　任　状

東京都新宿区新宿一丁目1番1号
乙　川　一　郎

　私は、上記の者を代理人に定め、次の権限を委任する。

1　当法人の目的及び事業の変更の登記を申請する一切の件
1　原本還付の請求及び受領の件

　なお、認証書到達の年月日は、令和○年○月○日である。

　　令和○年○月○日

東京都中野区中央一丁目1番1号
特定非営利活動法人向日葵会
理事　　甲　山　太　郎　㊞

（注）理事の印鑑は、当該理事が登記所に提出している印鑑を押印します。

第5章　事務所の変更

第1　主たる事務所の移転

1　管轄区域外への移転

主たる事務所を管轄登記所以外に移転する場合の手続に
ついて、説明してください。

1　主たる事務所の移転の手続

　NPO法人は、定款において、主たる事務所及びその他の事務所の所
在地を定めなければならないとされています（NPO法11条1項4号）。
このように、主たる事務所の所在地は定款の絶対的記載事項ですが、定
款に主たる事務所の所在地をどのように記載しているかによって、定款
の変更を要する場合と要しない場合とに分かれます。

　定款には、主たる事務所を最小行政区画である市区町村まで定めるこ
とで足りるとされていますので、法人の定款には、「この法人の事務所
を東京都中野区に置く。」との記載で足りることになります。この場合
に、法人が、同一最小行政区画内で移転する場合、すなわち、中野区内
で移転する場合には、定款の変更は必要ありませんので、理事会の決議
で主たる事務所の所在地番及び移転年月日を決定することになります。
ただし、法人が、定款で主たる事務所の所在地番まで定めている場合に
おいて、主たる事務所を移転する場合には、定款を変更することが必要
です。例えば、定款に主たる事務所を「東京都中野区中央一丁目1番1
号」というように所在場所まで記載している場合に、これを「東京都中
野区沼袋一丁目1番1号」に移転するときは、同じ最小行政区画内での
移転であっても定款の変更が必要です。

　定款の変更は、定款に別段の定めがあるときを除き、社員総会におい
て、社員総数の2分の1以上が出席し、その出席者の4分の3以上の多
数の議決をもって行わなければなりません（NPO法25条1項・2項）。

また、主たる事務所の変更であって、所轄庁の変更を伴うものは、所轄庁の認証を受けなければ、その効力を生じないとされています（NPO法25条3項）。例えば、東京都に主たる事務所を有するNPO法人が埼玉県に主たる事務所を移転した場合には、所轄庁の変更を伴うことになりますので、この場合には、法人は、定款変更について、変更前の所轄庁を経由して、変更後の所轄庁の認証を受けなければなりません（NPO法26条1項）。

　法人が、主たる事務所の移転について所轄庁の認証を要しない定款の変更をしたときは、定款変更をした社員総会の議事録の謄本及び変更後の定款を添えて、その旨を所轄庁に届け出なければならないとされています（NPO法25条6項）。

2　主たる事務所移転の登記手続

(1)　登記期間等

　NPO法人がその主たる事務所を他の登記所の管轄区域内に移転したときは、移転の日から2週間以内に、旧所在地においては移転の登記をし、新所在地においては設立の登記と同一の事項（組合等登記令2条2項各号に掲げる事項）を登記しなければなりません（組合等登記令4条）。

　主たる事務所を他の登記所の管轄区域内に移転した場合の新所在地における登記の申請は、旧所在地を管轄する登記所を経由してしなければならず、かつ、旧所在地における登記の申請と同時にしなければなりません（組合等登記令25条、商業登記法51条1項・2項）。また、これらの登記申請書とともに、印鑑届書も旧所在地を管轄する登記所を経由して提出します（組合等登記令25条、商業登記法20条1項・2項）。

　旧所在地を管轄する登記所では、旧所在地宛ての申請書及び新所在地宛ての申請書の双方を審査し、却下事由が存しないときは、新所在地宛ての申請書及びその添付書面並びに印鑑届書を新所在地を管轄する登記所に送付します。送付を受けた新所在地を管轄する登記所では、審査を行い、却下事由がなければ、当該本店移転の登記をし、その旨を旧所在地を管轄する登記所に通知します。旧所在地を管轄する登記所においては、新所在地において登記をした旨の通知を待って、

旧所在地においても本店移転の登記を行います（組合等登記令 25 条、商業登記法 52 条 2 項〜5 項）。

　NPO 法人が従たる事務所を設置していて、その従たる事務所の所在地を管轄する登記所が、移転した新主たる事務所の所在地を管轄する登記所以外の登記所である場合、当該従たる事務所の所在地においては 3 週間以内に、主たる事務所移転の登記をしなければならないとされています（組合等登記令 11 条 3 項）。

　ところで、主たる事務所を移転したときに申請すべき登記所についてですが、多くの法務局又は地方法務局においては、法人の事務所の所在地を管轄する区域を、その府県内の 1 ないし数か所の登記所に集中させて、管轄区域の拡大をしていますので、例えば、都府県内に法人登記を管轄する登記所が 1 つのみあるような場合には、その管轄区域内の主たる事務所の移転であれば、市区町村を超える移転であっても、管轄登記所が変わることが少なくなっています。

⑵　**申請人**

　主たる事務所移転の登記は、法人を代表すべき理事の申請によって行います。

⑶　**登記すべき事項**

　登記の申請書には、登記すべき事項を記載しなければならないとされています（組合等登記令 25 条、商業登記法 17 条 2 項 4 号）。

ア　旧主たる事務所所在地における登記申請書に記載すべき登記すべき事項

　旧主たる事務所所在地における「登記すべき事項」は、移転後の主たる事務所の所在場所及び移転年月日です。

イ　新主たる事務所所在地における登記申請書に記載すべき登記すべき事項

　新主たる事務所所在地における「登記すべき事項」は、設立の登記事項と同一の事項（組合等登記令 4 条）、法人成立の年月日、主たる事務所を移転した旨及びその年月日（組合等登記令 25 条、商業登記法 53 条）並びに現に存する役員等の就任年月日（各種法人等登記規則 5 条、商業登記規則 65 条 2 項）です。

　ところで、従前主たる事務所を他の登記所の管轄区域内に移転し

た場合の新主たる事務所所在地における登記の申請書において、当該登記申請書に記載すべき「登記すべき事項」については、平成19年11月12日付け法務省民商第2450号民事局商事課長回答（以下「平成19年回答」という。）において商業登記法53条に規定する事項（ただし、「会社の成立年月日」を除く。）を除き、「別添登記事項証明書のとおり」と記載し、当該登記事項証明書と申請書とを契印する取扱いとして差し支えないものとされていました。

　その後、新主たる事務所所在地における登記の申請書の「登記すべき事項」については、大幅に省略され、新所在地における登記の申請書には、「登記すべき事項」として組合等登記令25条で準用する商業登記法53条に規定する事項（ただし、「法人の成立年月日」を除く。）の記載（具体的には、「主たる事務所を移転した旨及びその年月日」）があれば足り、その他の事項の記載を省略しても差し支えないものとされています（平成29.7.6民商第111号民事局商事課長通知）。

(4)　**添付書類**

①　旧所在地における登記の申請書

　定款の変更、具体的な主たる事務所の移転の場所及び時期等を決定した社員総会議事録、理事会議事録等の添付が必要です。なお、定款の変更について所轄庁の認証を要する場合には、定款変更に係る所轄庁の認証書を添付しなければなりません（組合等登記令25条、商業登記法19条）。また、代理人によって登記の申請をする場合には、代理権限を証する書面（委任状）を添付しなければなりません（組合等登記令25条、商業登記法18条）。

②　新所在地における登記の申請書

　新所在地における登記の申請書には、代理人によって申請する場合における代理権限を証する書面として委任状を添付するほかは、他の書類の添付を要しないとされています（組合等登記令25条、商業登記法51条3項）。

申請書書式

（管轄登記所外に主たる事務所を移転する場合─変更前の主たる事務所所在地を管轄する登記所宛ての申請書）

特定非営利活動法人主たる事務所移転登記申請書

1	会社法人等番号	○○○○－○○－○○○○○○（注1）
	フリガナ	ヒマワリカイ（注2）
1	名　　　　称	特定非営利活動法人向日葵会
1	主 た る 事 務 所	東京都中野区中央一丁目1番1号（注3）
1	登 記 の 事 由	主たる事務所移転
1	認証書到達年月日	令和○年○月○日（注4）
1	登記すべき事項	別紙のとおりの内容をオンラインにより提出済（注5）
1	添 付 書 類	社員総会議事録　　　1通
		理事会議事録　　　　1通
		定款　　　　　　　　1通
		認証書　　　　　　　1通（注6）
		委任状　　　　　　　1通（注7）

　上記のとおり登記の申請をします。
　　令和○年○月○日

　　　　　　　　　　　　東京都府中市府中一丁目1番1号（注8）
　　　　　　　　　　　　申 　請 　人　　特定非営利活動法人向日葵会
　　　　　　　　　　　　東京都豊島区池袋一丁目1番1号
　　　　　　　　　　　　理 　　　事　　甲 山 太 郎　㊞（注9）
　　　　　　　　　　　　東京都新宿区新宿一丁目1番1号
　　　　　　　　　　　　上記代理人　　乙 川 一 郎　㊞（注10）
　　　　　　　　　　　　連枠先の電話番号

　東京法務局　府中支局　御中

（注1）会社法人等番号が分かる場合に記載します。
（注2）名称のフリガナは、法人の種類を表す（特定非営利活動法人）部分を除いて、片仮名で、左に詰めて記載します。
（注3）変更前の主たる事務所を記載します。

（注4）主たる事務所の移転により所轄庁に変更が生じ、所轄庁の認証を要する場合にのみ記載します。

（注5）登記すべき事項をCD-R（又はDVD-R）に記録し、登記所に提出することもできますし、CD-Rに代えて、オンラインにより提出することもできます。

（注6）所轄庁が変更になった場合には、新所轄庁の認証書を添付します。

（注7）代理人に登記申請を委任した場合に添付します。

（注8）変更後の主たる事務所を記載します。

（注9）理事の印鑑は、理事が登記所に提出した印鑑を押印します。

（注10）代理人が登記申請する場合に記載し、代理人の印鑑を押印します。理事の印鑑は、委任状に押印しているので、申請書には押印の必要はありません。

（登記すべき事項をオンラインにより提供する場合の別紙の例）

「登記記録に関する事項」令和〇年〇月〇日東京都府中市府中一丁目1番1号に主たる事務所移転

（注）変更後の主たる事務所を記載します。また、日付は実際に移転した日（移転の決議をした議事録に記載されている移転の時期）を記載します。

（社員総会議事録）

社員総会議事録

1　開　催　日　時　　令和〇年〇月〇日午前 10 時
1　開　催　場　所　　当法人事務所（東京都中野区中央一丁目 1 番 1 号）
1　総　社　員　数　　〇名
1　出席した社員数　　〇名
1　審　議　事　項　　主たる事務所の移転について
1　議長選任の経過

　　定刻に至り、司会者〇〇〇〇は開会を宣言し、本日の社員総会は定款所定数を満たしたので有効に成立した旨を告げ、議長の選任方法を諮ったところ、満場一致をもって〇〇〇〇が議長に選任された。続いて議長から挨拶の後、議案の審議に入った。

1　議事の経過の要領及び議決の結果

　議　案　定款変更の件

　　議長は、この法人の定款を次のとおり変更したい旨理事会から付議されたので、これを議場に諮ったところ、満場一致をもって異議なく可決決定した。
　（事務所）
　第〇条　この法人は、主たる事務所を東京都府中市府中一丁目 1 番 1 号に置く。

1　議事録署名人の選任に関する事項

　　議長から、次の者を議事録署名人に選任したい旨を述べ、これを議場に諮ったところ、満場一致をもって次の者が議事録署名人に選任された。

　　　　議事録署名人　　〇〇〇〇
　　　　同　　　　　　　〇〇〇〇

　以上をもって社員総会の議案全部の審議を終了したので、議長は閉会を宣言し、午前 11 時 30 分散会した。

　上記の議決を明確にするため、議長及び議事録署名人において、次に記名押印する。

　　　令和〇年〇月〇日

　　　　　　　　　　　特定非営利活動法人向日葵会

```
                        社員総会において
                        議長        ○○○○    ㊞
                        議事録署名人  ○○○○    ㊞
                        同          ○○○○    ㊞
```

（注）議事録が複数頁になる場合は、議事録署名人の1名が各頁の綴り目に契印します。

（理事会議事録）

理事会議事録

1　開 催 日 時　　令和○年○月○日午前 10 時

1　開 催 場 所　　当法人事務所（東京都中野区中野一丁目1番1号）

1　理 事 総 数　　3名

1　出 席 理 事 数　　3名（甲山太郎、○○○○、○○○○）

1　審 議 事 項　　主たる事務所の移転について

1　議事の経過の概要及び議決の結果

　　定款の規定により理事長甲山太郎が議長に就任し、直ちに議案の審議に入る。

　　議案　主たる事務所移転の件

　　　議長は、主たる事務所を令和○年○月○日に東京都府中市府中一丁目1番1号に移転したい旨を述べ、これを議場に諮ったところ、満場一致をもって可決決定した。

1　議事録署名人の選任に関する事項

　　議長から、次の者を議事録署名人に選任したい旨を述べ、これを議場に諮ったところ、満場一致をもって次の者が選任された。

　　　　議事録署名人　　○○○○

　　　　同　　　　　　　○○○○

　　以上をもって理事会の議案全部の審議を終了したので、議長は閉会を宣言し、午前 11 時 30 分散会した。

　　上記の議事の経過の概要及び議決の結果を明確にするため、この議事録を作成し、議長及び議事録署名人が記名押印する。

　　令和○年○月○日

　　　　　　　　　　　　特定非営利活動法人向日葵会

　　　　　　　　　　　　議長理事長　　　　甲山太郎　㊞

　　　　　　　　　　　　議事録署名人　　　○○○○　㊞

　　　　　　　　　　　　同　　　　　　　　○○○○　㊞

（注） 議事録が複数頁になる場合は、議事録署名人の1名が各頁の綴り目に契印します。

（委任状）

委　任　状

東京都豊島区池袋一丁目1番1号

乙　川　一　郎

　私は、上記の者を代理人に定め、下記の権限を委任する。

1　令和○年○月○日に当法人の主たる事務所を移転したので、その登記
の申請に関する一切の件
1　原本還付の請求及び受領の件
　なお、認可書到達の年月日は、令和○年○月○日である。

　　令和○年○月○日

東京都府中市府中一丁目1番1号

特定非営利活動法人向日葵会

理事　　甲　山　太　郎　㊞

（注）理事の印鑑は、理事が登記所に提出している印鑑を押印します。

申請書書式

（変更後の主たる事務所所在地を管轄する登記所宛ての申請書）

特定非営利活動法人主たる事務所移転登記申請書

1　会社法人等番号　　○○○○－○○－○○○○○○（注1）
　　フリガナ　　　　　ヒマワリカイ（注2）
1　名　　　　　称　　特定非営利活動法人向日葵会
1　主 た る 事 務 所　東京都府中市府中一丁目1番1号（注3）
1　登 記 の 事 由　　主たる事務所移転
1　認証書到達年月日　令和○年○月○日（注4）
1　登記すべき事項　　別紙のとおりの内容をオンラインにより提出済み
　　　　　　　　　　　　　　　　　　　　　　　　　　（注5）

1　添 付 書 類　　　委任状　　1通（注6）

　上記のとおり登記の申請をします。
　　令和○年○月○日

　　　　　　　　　　　　東京都府中市府中一丁目1番1号（注7）
　　　　　　　　　　　　申 請 人　　特定非営利活動法人向日葵会
　　　　　　　　　　　　東京都豊島区池袋一丁目1番1号
　　　　　　　　　　　　理　　事　　甲　山　太　郎　㊞（注8）
　　　　　　　　　　　　東京都新宿区新宿一丁目1番1号
　　　　　　　　　　　　上記代理人　乙　川　一　郎　㊞（注9）
　　　　　　　　　　　　連絡先の電話番号

　東京法務局　府中支局　御中（注10）

（注1）会社法人等番号が分かる場合に記載します。
（注2）名称のフリガナは、法人の種類を表す部分（特定非営利活動法人）を除いて、片仮名で、左に詰めて記載します。
（注3）変更後の主たる事務所を記載します。
（注4）所轄庁の認証を要する場合に記載します。
（注5）登記すべき事項をCD-R（又はDVD-R）に記録し、登記所に提出することもできますし、CD-Rに代えて、オンラインにより提出することもできます。
（注6）代理人に登記申請を委任した場合に添付します。
（注7）変更後の主たる事務所を記載します。

（注8）理事の印鑑は、理事が登記所に提出した印鑑を押印します。

　　　管轄登記所（東京法務局中野出張所）外に主たる事務所を移転する場合には、変更後の主たる事務所を管轄する登記所（東京法務局府中支局）に印鑑を提出する必要があります（組合等登記令25条、商業登記法20条）。この場合には、市町村長の作成した3か月以内の印鑑証明書を添付する必要があります。ただし、その印鑑が、変更前の主たる事務所所在地を管轄する登記所に提出している印鑑と同一であるときは、印鑑証明書の添付を省略することができるとされています（法務省ホームページ「商業・法人登記の申請書様式」）。

（注9）代理人が登記申請する場合に記載し、代理人の印鑑を押印します。理事の印鑑は、委任状に押印しているので、申請書には押印の必要はありません。

（注10）変更後の主たる事務所を管轄する登記所名を記載します。

（登記すべき事項をオンラインにより提供する場合の別紙の例）

> 「登記記録に関する事項」令和○年○月○日東京都中野区中央一丁目1番1号から主たる事務所移転」

（委任状）

委 任 状

東京都豊島区池袋一丁目1番1号
乙　川　一　郎

　私は、上記の者を代理人に定め、下記の権限を委任する。

1　令和○年○月○日に当法人の主たる事務所を移転したので、その登記の申請に関する一切の件
1　原本還付の請求及び受領の件
　なお、認証書到達の年月日は、令和○年○月○日である。

　　　令和○年○月○日

東京都府中市府中一丁目1番1号
特定非営利活動法人向日葵会
理事　　甲　山　太　郎　㊞

（注）理事の印鑑は、理事が登記所に提出している印鑑を押印します。

2 管轄区域内の移転

主たる事務所を管轄登記所内で移転する場合の手続はどのようなものですか。

1 主たる事務所移転の手続

　NPO法人は、定款において、主たる事務所及びその他の事務所の所在地を定めなければならないとされています（NPO法11条1項4号）。

　定款には、主たる事務所を最小行政区画である市区町村まで定めることで足りるとされていますので、定款で最小行政区画までを定めているNPO法人が、同一最小行政区画内で主たる事務所を移転する場合には、定款の変更をする必要はありません。この場合には、理事会の決議で本店の所在地番及び移転年月日を決定することで足ります。ただし、定款で主たる事務所の所在地番まで定めている場合には、社員総会の決議で定款を変更することが必要です（NPO法25条1項・2項）。

　NPO法人の主たる事務所の変更であって、所轄庁の認証を要する場合（所轄庁の変更を伴う場合）には、当該定款について所轄庁の認証を受ける必要があります（NPO法25条3項）。NPO法人が主たる事務所の移転について所轄庁の認証を要しない定款の変更をしたときは、定款変更をした社員総会の議事録の謄本及び変更後の定款を添えて、移転した旨を所轄庁に届け出なければならないとされています（NPO法25条6項）。

　なお、多くの法務局又は地方法務局においては、法人の事務所の所在地を管轄する区域をその府県内の1ないし数か所程度の登記所に集中させて、管轄区域の拡大をしていますので、例えば、同じ県内であれば、「○○市」から「△△市」に移転したとしても、管轄登記所が変わることが少なくなっています。

2 主たる事務所移転の登記手続

　NPO法人が同一の登記所の管轄区域内において主たる事務所を移転した場合には、その登記所に主たる事務所の移転の登記申請をするのみで足ります。ただし、主たる事務所の所在地を管轄する登記所以外の登

記所の管轄区域内に従たる事務所がある場合には、その従たる事務所の所在地を管轄する登記所にも主たる事務所の移転の登記の申請をしなければなりません。

　なお、主たる事務所所在地における登記の申請は、管轄区域外への主たる事務所移転と異なり、1 通の申請書を提出すれば足ります。

⑴　登記期間

　　主たる事務所を移転したときは、移転の日から 2 週間以内に移転の登記をしなければなりません（組合等登記令 3 条 1 項）。また、従たる事務所所在地においては 3 週間以内に変更の登記をしなければなりません（組合等登記令 11 条 3 項）。

⑵　登記すべき事項

　　登記すべき事項は、移転後の主たる事務所の所在場所及び移転年月日です。

⑶　添付書類（組合等登記令 17 条 1 項）

　①　理事会議事録

　　　定款の変更を要しない場合には、理事会の決議で主たる事務所の所在地番及び移転年月日を決定します。この場合には、当該決定をした理事会の議事録を添付します。

　②　社員総会議事録

　　　定款の変更を要する場合には、社員総会の決議で定款を変更することが必要です。定款の変更を要する場合に、社員総会議事録及び定款を添付します。

　③　定款

　④　認証書

　　　所轄庁が変更になる場合には、新所轄庁の認証が必要です。

　⑤　委任状

　　　代理人によって登記申請をする場合には、代理権限を証する書面として、委任状を添付します（組合等登記令 25 条、商業登記法 18 条）。

申請書書式

（管轄登記所内で主たる事務所を移転する場合）

特定非営利活動法人主たる事務所移転登記申請書

1　会 社 法 人 等 番 号　　○○○○－○○－○○○○○○（注1）
　　フリガナ　　　　　　　　ヒマワリカイ（注2）
1　名　　　　　　称　　　特定非営利活動法人向日葵会
1　主 た る 事 務 所　　　東京都府中市府中一丁目1番1号（注3）
1　登 記 の 事 由　　　　主たる事務所移転
1　認証書到達年月日　　　令和○年○月○日（注4）
1　登 記 す べ き 事 項　　別紙のとおりの内容をオンラインにより提出済み
　　　　　　　　　　　　　　　　　　　　　　　　　　　　（注5）

1　添　付　書　類　　　理事会議事録　　　1通
　　　　　　　　　　　　社員総会議事録　　1通（注6）
　　　　　　　　　　　　定款　　　　　　　1通（注6）
　　　　　　　　　　　　認証書　　　　　　1通（注7）
　　　　　　　　　　　　委任状　　　　　　1通（注8）

　　上記のとおり登記の申請をします。
　　　令和○年○月○日

　　　　　　　　　　　東京都府中市府中二丁目2番2号（注9）
　　　　　　　　　　　申　請　人　　特定非営利活動法人向日葵会
　　　　　　　　　　　東京都豊島区池袋一丁目1番1号
　　　　　　　　　　　理　　　　事　　甲　山　太　郎　㊞（注10）
　　　　　　　　　　　東京都新宿区新宿一丁目1番1号
　　　　　　　　　　　上記代理人　　乙　川　一　郎　㊞（注11）
　　　　　　　　　　　連絡先の電話番号

　　　東京法務局　府中支局　御中

（注1）会社法人等番号が分かる場合に記載します。
（注2）名称のフリガナは、法人の種類を表す（特定非営利活動法人）部分を除
　　　いて、片仮名で、左に詰めて記載します。
（注3）変更前の主たる事務所を記載します。
（注4）主たる事務所の移転により所轄庁に変更が生じ、所轄庁の認証を要する
　　　場合にのみ記載します。

（注 5）登記すべき事項を CD-R（又は DVD-R）に記録し、登記所に提出することもできますし、CD-R に代えて、オンラインにより提出することもできます。

（注 6）社員総会議事録及び定款は、定款の変更を要する場合に添付することが必要です。

（注 7）所轄庁が変更になった場合には、新所轄庁の認証書を添付します。

（注 8）代理人に登記申請を委任した場合に添付します。

（注 9）変更後の主たる事務所を記載します。

（注 10）理事の印鑑は、理事が登記所に提出した印鑑を押印します。

（注 11）代理人が登記申請する場合に記載し、代理人の印鑑を押印します。理事の印鑑は、委任状に押印しているので、申請書には押印の必要はありません。

（登記すべき事項をオンラインにより提供する場合の別紙の例）

「主たる事務所」東京都府中市府中二丁目 2 番 2 号
「原因年月日」令和〇年〇月〇日移転

（注）変更後の主たる事務所を記載します。また、日付は実際に移転した日（移転の決議をした議事録に記載されている移転の時期）を記載します。

（理事会議事録）

理事会議事録

1　開　催　日　時　　令和〇年〇月〇日午前 10 時
1　開　催　場　所　　当法人事務所（東京都府中市府中一丁目 1 番 1 号）
1　理　事　総　数　　3 名
1　出　席　理　事　数　　3 名（甲山太郎、〇〇〇〇、〇〇〇〇）
1　審　議　事　項　　主たる事務所の移転について
1　議事の経過の概要及び議決の結果
　　定款の規定により理事長甲山太郎が議長に就任し、直ちに議案の審議
に入る。

　　議案　主たる事務所移転の件

　　　議長は、主たる事務所を令和〇年〇月〇日に東京都府中市府中二丁
目 2 番 2 号に移転したい旨を述べ、これを議場に諮ったところ、満場
一致をもって可決決定した。

1　議事録署名人の選任に関する件
　　議長から、次の者を議事録署名人に選任したい旨を述べ、これを議場
に諮ったところ、満場一致をもって次の者が選任された。
　　　　議事録署名人　　〇〇〇〇
　　　　同　　　　　　　〇〇〇〇

　　以上をもって理事会の議案全部の審議を終了したので、議長は閉会を宣
言し、午前 11 時 30 分散会した。

　　上記の議事の経過の概要及び議決の結果を明確にするため、この議事録
を作成し、議長及び議事録署名人が記名押印する。

　　令和〇年〇月〇日

　　　　　　　　　　　　　　　　特定非営利活動法人向日葵会
　　　　　　　　　　　　　　　　議長理事長　　甲山太郎　㊞
　　　　　　　　　　　　　　　　議事録署名人　〇〇〇〇　㊞
　　　　　　　　　　　　　　　　同　　　　　　〇〇〇〇　㊞

（注）議事録が複数頁になる場合は、議事録署名人の 1 名が各頁の綴り目に契印
します。

（社員総会議事録定款変更を要する場合）

社員総会議事録

1　開　催　日　時　　令和○年○月○日午前 10 時
1　開　催　場　所　　当法人事務所（東京都府中市府中一丁目 1 番 1 号）
1　総　社　員　数　　○名
1　出席した社員数　　○名
1　審　議　事　項　　主たる事務所の移転について
1　議長選任の件

　　定刻に至り、司会者○○○○は開会を宣言し、本日の社員総会は定款所定数を満たしたので有効に成立した旨を告げ、議長の選任方法を諮ったところ、満場一致をもって○○○○が議長に選任された。続いて議長から挨拶の後、議案の審議に入った。

1　議事の経過の概要及び議決の結果

　議　案　定款変更の件

　　　議長は、この法人の定款を次のとおり変更したい旨理事会から付議されたので、これを議場に諮ったところ、満場一致をもって異議なく可決決定した。
　　（事務所）
　　第○条　この法人は、主たる事務所を東京都府中市府中二丁目 2 番 2号に置く。

1　議事録署名人の選任に関する事項
　　議長から、次の者を議事録署名人に選任したい旨を述べ、これを議場に諮ったところ、満場一致をもって次の者が議事録署名人に選任された。
　　　　議事録署名人　　○○○○
　　　　同　　　　　　　○○○○

　以上をもって社員総会の議案全部の審議を終了したので、議長は閉会を宣言し、午前 11 時 30 分散会した。

　上記の議決を明確にするため、議長及び議事録署名人において、次に記名押印する。

　　令和○年○月○日

　　　　　　　　　　　特定非営利活動法人向日葵会

　　　　　　　　　　　社員総会において
　　　　　　　　　　　議長　　　　　○○○○　㊞
　　　　　　　　　　　議事録署名人　○○○○
　　　　　　　　　　　同　　　　　　○○○○　㊞

（注）社員総会議事録は、定款を変更する場合に添付します。
（注）議事録が複数頁になる場合は、議事録署名人の１名が各頁の綴り目に契印
　　します。

（委任状）

委　任　状

東京都豊島区池袋一丁目1番1号
乙　川　一　郎

　　私は、上記の者を代理人に定め、次の権限を委任する。

1　当法人は、令和〇年〇月〇日に主たる事務所を移転したため、主たる
　事務所の移転の登記の申請をすること。
1　原本還付の請求及び受領の件
　（なお、認証書到達の年月日は、令和〇年〇月〇日である。）

　　　　令和〇年〇月〇日

東京都府中市府中二丁目2番2号
特定非営利活動法人向日葵会
　　理事　　甲　山　太　郎　㊞

（**注**）理事の印鑑は、理事が登記所に提出している印鑑を押印します。

第2　従たる事務所の設置・廃止

1　従たる事務所の設置の登記

NPO法人が従たる事務所を設置した場合の登記手続について教えてください。

1　従たる事務所の設置の手続

　NPO法人の従たる事務所の所在地は定款の絶対的記載事項ですので、NPO法人がその成立後に、新たに従たる事務所を設置しようとするときは、定款に従たる事務所の所在地を記載しなければならないので、社員総会の決議により定款を変更する必要があります。また、新たな従たる事務所の設置ではなく、従たる事務所の追加設置の場合にも、定款にその旨を追加記載することになりますので、定款を変更する場合に該当します。

　一般に、定款の変更を行う際には、所轄庁の条例で定めるところにより、当該定款の変更を議決した社員総会の議事録の謄本及び変更後の定款を添付した申請書を所轄庁に提出し、所轄庁の認証を受けなければなりませんが、所轄庁の変更を伴わない主たる事務所及びその他の事務所の所在地の変更については、所轄庁の認証は要しないとされています（NPO法25条3項）。例えば、埼玉県に主たる事務所を有するNPO法人が、神奈川県に従たる事務所を設置する場合には、所轄庁は、その主たる事務所が所在する都道府県知事ですから、埼玉県知事と変わらず、所轄庁の変更を伴わない事務所の所在地の変更となります。

　所轄庁の認証を要しない定款の変更をしたときは、遅滞なく、当該定款の変更の決議をした社員総会の議事録の謄本及び変更後の定款を添えて、その旨を所轄庁に届け出なければならないとされています（NPO法25条6項）。また、NPO法人が定款の変更に係る登記をしたときは、当該登記をしたことを証する登記事項証明書を所轄庁に提出しなければなりません（同条7項）。

2　従たる事務所設置の登記手続

　NPO法人が、新たに従たる事務所を設けたときは、主たる事務所の所在地においては、2週間以内に、従たる事務所を設置したことを登記し、従たる事務所の所在地においては、3週間以内に、①名称、②主たる事務所の所在場所、③従たる事務所の所在場所（その所在地を管轄する登記所の管轄区域内にあるものに限る。）を登記しなければなりません（組合等登記令11条1項4号・2項）。

　従たる事務所の所在地でする登記の申請は、その従たる事務所が、主たる事務所の所在地を管轄する登記所の管轄区域外にあるときは、主たる事務所の所在地においてする登記の申請とを、一括して、主たる事務所の所在地を管轄する登記所を経由して行うことができます（組合等登記令25条、商業登記法49条1項）。この場合には、所定の手数料（1件につき300円の収入印紙（登記手数料令12条））が必要です。この従たる事務所の所在地においてする登記の申請と主たる事務所の所在地においてする登記の申請とを、一括して行う場合には、従たる事務所の所在地においてする登記の申請と主たる事務所の所在地においてする登記の申請は、同一の書面で同時に申請しなければならないとされています（組合等登記令25条、商業登記法49条3項、各種法人等登記規則5条、商業登記規則63条1項）。なお、一括登記申請による従たる事務所の所在地においてする登記の申請には、添付書面に関する規定が適用されませんので、何ら書面の添付を要しません（組合等登記令25条、商業登記法49条4項）。

(1)　主たる事務所における登記

①　登記すべき事項

　　従たる事務所の所在場所、設置した旨及びその年月日を登記します。

②　添付書類

　　従たる事務所の設置を証する書面として、社員総会議事録及び理事会議事録等が必要となります。

③　代理人によって登記申請をする場合には、その権限を証する書面を添付します（組合等登記令25条、商業登記法18条）。

(2) **従たる事務所における登記**

① 登記すべき事項

　　従たる事務所の所在地の管轄登記所へ初めて登記をする場合の登記すべき事項は、名称、主たる事務所の所在場所及び従たる事務所の所在場所並びに法人の成立年月日、従たる事務所を設置した旨及びその年月日です（組合等登記令25条、商業登記法48条2項）。

② 添付書類

　　主たる事務所の所在地で登記したことを証する書面（登記事項証明書）を添付することを要し、他の書面の添付は要しません（組合等登記令25条、商業登記法48条1項）。

　　なお、登記の申請書に会社法人等番号を記載した場合には、登記事項証明書を添付することを要しないとされています（組合等登記令25条、商業登記法19条の3、各種法人等登記規則5条、商業登記規則36条の3、平成27.9.30民商第122号民事局長通達）。

申請書書式

（主たる事務所・従たる事務所一括申請―従たる事務所の設置の場合）

特定非営利活動法人従たる事務所設置登記申請書

1　会社法人等番号　　○○○○－○○－○○○○○○（注1）
　フリガナ　　　　　ヒマワリカイ（注2）
1　名　　　称　　　特定非営利活動法人向日葵会
1　主たる事務所　　東京都府中市府中一丁目1番1号
1　従たる事務所　　東京都中野区中央一丁目1番1号（注3）
　　　　　　　　　　管轄登記所　東京法務局中野出張所
1　登記の事由　　　従たる事務所設置
1　登記すべき事項　別紙のとおりの内容をオンラインにより提出済み
　　　　　　　　　　　　　　　　　　　　　　　　　　（注4）

1　登記手数料　　　金300円
　　　　　　　　　　従たる事務所所在地登記所数　　1庁（注5）
1　添付書類　　　　社員総会議事録　　　　　　　1通
　　　　　　　　　　理事会議事録　　　　　　　　1通
　　　　　　　　　　委任状　　　　　　　　　　　1通（注6）

　上記のとおり登記の申請をします。
　　令和○年○月○日

　　　　　　　　　　東京都府中市府中一丁目1番1号
　　　　　　　　　　申　請　人　　特定非営利活動法人向日葵会
　　　　　　　　　　東京都豊島区池袋一丁目1番1号
　　　　　　　　　　理　　　事　　甲　山　太　郎　㊞（注7）
　　　　　　　　　　東京都新宿区新宿一丁目1番1号
　　　　　　　　　　上記代理人　　乙　川　一　郎　㊞（注8）
　　　　　　　　　　連絡先の電話番号

　東京法務局　府中支局　御中

（注1）会社法人等番号が分かる場合に記載します。
（注2）名称のフリガナは、法人の種類を表す部分（特定非営利活動法人）を除いて、片仮名で、左に詰めて記載します。
（注3）従たる事務所設置登記の申請について、従たる事務所が、主たる事務所の所在地を管轄する登記所の管轄区域外にあるときは、所定の手数料を納

付して、主たる事務所の所在地を管轄する登記所を経由して行うことができます。この場合、従たる事務所の所在地においてする登記の申請と主たる事務所の所在地においてする登記の申請とは、同一の書面をもって同時に一括して申請しなければなりません。なお、従たる事務所の所在地においてする登記の申請には、書面の添付は必要ありません。

（注4）登記すべき事項を CD-R（又は DVD-R）に記録し、登記所に提出することもできますし、CD-R に代えて、オンラインにより提出することもできます。

（注5）従たる事務所所在地の登記所1庁につき、300円の登記手数料が必要です。登記手数料は収入印紙で納付します。

（注6）代理人に登記申請を委任した場合に添付します。

（注7）理事の印鑑は、理事が登記所に提出した印鑑を押印します。

（注8）代理人が登記申請する場合に記載し、代理人の印鑑を押印します。理事の印鑑は、委任状に押印しているので、申請書には押印の必要はありません。

（登記すべき事項をオンラインにより提供する場合の別紙の例）

（主たる事務所所在地の登記所における登記すべき事項）
「従たる事務所番号」1
「従たる事務所の所在地」東京都中野区中央一丁目1番1号
「原因年月日」令和〇年〇月〇日設置

（従たる事務所所在地の登記所における登記すべき事項）
「名称」特定非営利活動法人向日葵会
「主たる事務所」東京都府中市府中一丁目1番1号
「法人成立の年月日」平成〇年〇月〇日
「従たる事務所番号」1
「従たる事務所の所在地」東京都中野区中央一丁目1番1号
「登記記録に関する事項」
令和〇年〇月〇日従たる事務所設置

（社員総会議事録）

社員総会議事録

1　開 催 日 時　　令和○年○月○日午前 10 時
1　開 催 場 所　　当法人事務所（東京都府中市府中一丁目 1 番 1 号）
1　総 社 員 数　　○名
1　出席した社員数　○名
1　審 議 事 項　　従たる事務所の設置について
1　議長選任の経過

　　定刻に至り、司会者○○○○は開会を宣言し、本日の社員総会は定款所定数を満たしたので有効に成立した旨を告げ、議長の選任方法を諮ったところ、満場一致をもって、○○○○が議長に選任された。続いて議長から挨拶の後、議案の審議に入った。

1　議事の経過の要領及び議決の結果

　議　案　定款変更の件

　　議長は、新たに従たる事務所を設置するため、この法人の定款を次のとおり変更したい旨理事会から付議されたので、これを議場に諮ったところ、満場一致をもって異議なく可決決定した。

　　（事務所）
　　第○条　この法人は、主たる事務所を東京都府中市府中一丁目 1 番 1
　　　号に置き、従たる事務所を東京都中野区中央一丁目 1 番 1 号に置く。

1　議事録署名人の選任に関する事項

　　議長から、次の者を議事録署名人に選任したい旨を述べ、これを議場に諮ったところ、満場一致をもって次の者が選任された。

　　　　　議事録署名人　　○○○○
　　　　　同　　　　　　　○○○○

　　以上をもって社員総会の議案全部の審議を終了したので、議長は閉会を宣言し、午前 11 時 30 分散会した。

　　上記の議決を明確にするため、議長及び議事録署名人において、次に記名押印する。

　　令和○年○月○日

　　　　　　　　　　　　　特定非営利活動法人向日葵会

社員総会において
議長　　　　　〇〇〇〇　㊞
議事録署名人　〇〇〇〇　㊞
同　　　　　　〇〇〇〇　㊞

（注）議事録が複数頁になる場合は、議事録署名人の1名が各頁の綴り目に契印
します。

（理事会議事録）

理事会議事録

1　開 催 日 時　　令和○年○月○日午前 10 時
1　開 催 場 所　　当法人事務所（東京都府中市府中一丁目 1 番 1 号）
1　理 事 総 数　　3 名
1　出席理事数　　3 名（甲山太郎、○○○○、○○○○）
1　審 議 事 項　　従たる事務所の設置について
1　議事の経過の要領及び議決の結果
　　定款の規定により理事長甲山太郎が議長に就任し、直ちに議案の審議に入る。

　議案　従たる事務所の設置の件

　　　議長は、従たる事務所を令和○年○月○日に東京都中野区中央一丁目 1 番 1 号に設置したい旨を述べ、これを議場に諮ったところ、満場一致をもって可決決定した。
1　議事録署名人の選任に関する事項
　　議長から、次の者を議事録署名人に選任したい旨を述べ、これを議場に諮ったところ、満場一致をもって次の者が選任された。
　　　議事録署名人　　○○○○
　　　同　　　　　　　○○○○

　以上をもって理事会の議案全部の審議を終了したので、議長は閉会を宣言し、午前 11 時 30 分散会した。

　上記の議決を明確にするため、この議事録を作成し、議長及び議事録署名人が次に記名押印する。

　　令和○年○月○日

　　　　　　　　　　　　　特定非営利活動法人向日葵会
　　　　　　　　　　　　　議長理事長　　甲山太郎　㊞
　　　　　　　　　　　　　議事録署名人　○○○○　㊞
　　　　　　　　　　　　　同　　　　　　○○○○　㊞

（委任状）

委　任　状

東京都豊島区池袋一丁目1番1号

乙　川　一　郎

　私は、上記の者を代理人に定め、次の権限を委任する。

1　令和○年○月○日に当法人の従たる事務所を設置したので、その登記の申請に関する一切の件
1　原本還付の請求及び受領の件

　　令和○年○月○日

東京都府中市府中一丁目1番1号
特定非営利活動法人向日葵会
　理事　　甲　山　太　郎　㊞

（注）理事の印鑑は、理事が登記所に提出している印鑑を押印します。

2　従たる事務所廃止の登記

NPO法人が従たる事務所を廃止した場合の登記手続について教えてください。

1　従たる事務所の廃止の手続

　法人成立後に従たる事務所を廃止しようとするときは、社員総会の決議によって定款を変更する必要があります。

　なお、当該定款の変更について所轄庁による認証を要するとき（所轄庁の変更を伴う場合）は、その認証を受けなければなりませんが、所轄庁の認証を要しない定款の変更をしたときは、当該定款の変更の決議をした社員総会の議事録の謄本及び変更後の定款を添えて、その旨を所轄庁に届け出なければならないとされています（NPO法25条6項）。

2　従たる事務所廃止の登記手続

(1)　登記期間

　NPO法人が、従たる事務所を廃止したときは、その廃止の日から主たる事務所の所在地においては2週間以内に（組合等登記令3条1項）、従たる事務所の所在地においては3週間以内に、従たる事務所の廃止の登記をしなければなりません（組合等登記令11条3項）。

　従たる事務所の所在地でする登記の申請は、その従たる事務所が、主たる事務所の所在地を管轄する登記所の管轄区域外にあるときは、主たる事務所の所在地においてする登記の申請とを、一括して、主たる事務所の所在地を管轄する登記所を経由して行うことができます（組合等登記令25条、商業登記法49条1項）。この場合には、所定の手数料（1件につき300円の収入印紙（登記手数料令12条））が必要です。この従たる事務所の所在地においてする登記の申請と主たる事務所の所在地においてする登記の申請とを、一括して行う場合には、従たる事務所の所在地においてする登記の申請と主たる事務所の所在地においてする登記の申請は、同一の書面で同時に申請しなければならないとされています（組合等登記令25条、商業登記法49条1項・3項、各種法人等登記規則5条、商業登記規則63条1項）。

(2) **添付書類**

① 主たる事務所の所在地でする従たる事務所廃止の登記の申請書には、従たる事務所の廃止を証する書面として、廃止の決定をした理事会議事録及び定款変更を決議した社員総会議事録を添付しなければなりません（組合等登記令17条1項）。

また、代理人によって申請する場合には、代理権限を証する書面として、委任状を添付します（組合等登記令25条、商業登記法18条）。

② 従たる事務所の所在地において登記を申請する場合には、主たる事務所の所在地においてした登記を証する書面（登記事項証明書）を添付しなければなりません。この場合には、他の書面の添付を要しません（組合等登記令25条、商業登記法48条1項）。なお、登記の申請書に会社法人等番号を記載した場合には、登記事項証明書を添付することを要しないとされています（組合等登記令25条、商業登記法19条の3、各種法人等登記規則5条、商業登記規則36条の3、平成27.9.30民商第122号民事局長通達）。

申請書書式

（主たる事務所・従たる事務所一括申請　従たる事務所の廃止の場合）

特定非営利活動法人従たる事務所廃止登記申請書

1	会社法人等番号	○○○○－○○－○○○○○○（注1）
	フリガナ	ヒマワリカイ（注2）
1	名　　　称	特定非営利活動法人向日葵会
1	主たる事務所	東京都府中市府中一丁目1番1号
1	従たる事務所	東京都中野区中央一丁目1番1号
		管轄登記所　東京法務局中野出張所（注3）
1	登記の事由	従たる事務所廃止
1	登記すべき事項	令和○年○月○日東京都中野区中央一丁目1番1号の従たる事務所廃止（注4）
1	登記手数料	金300円（注5）
		従たる事務所所在地登記所　　1庁
1	添付書類	理事会議事録　　　　　　　1通
		社員総会議事録　　　　　　1通
		委任状　　　　　　　　　　1通（注6）
		（登記事項証明書　　　　　1通）（注7）

　上記のとおり登記の申請をします。
　　令和○年○月○日

　　　　　　　　　　　　東京都府中市府中一丁目1番1号
　　　　　　　　　　　　申　請　人　　特定非営利活動法人向日葵会
　　　　　　　　　　　　東京都豊島区池袋一丁目1番1号
　　　　　　　　　　　　理　　　事　　甲　山　太　郎　㊞（注8）
　　　　　　　　　　　　東京都新宿区新宿一丁目1番1号
　　　　　　　　　　　　上記代理人　　乙　川　一　郎　㊞（注9）
　　　　　　　　　　　　連絡先の電話番号

　東京法務局　府中支局　御中

（注1）会社法人等番号が分かる場合に記載します。

（注2）名称のフリガナは、法人の種類を表す部分（特定非営利活動法人）を除いて、片仮名で、左に詰めて記載します。

（注3）従たる事務所廃止の登記の申請について、その従たる事務所が、主たる

事務所の所在地を管轄する登記所の管轄区域外にあるときは、所定の手数料を納付して、主たる事務所の所在地を管轄する登記所を経由して行うことができます。この場合、従たる事務所の所在地においてする登記の申請と主たる事務所の所在地においてする登記の申請とは、同一の書面をもって同時に一括して申請しなければなりません。なお、従たる事務所の所在地においてする登記の申請には、何ら書面の添付は必要ありません。

(注4) 登記すべき事項を CD-R（又は DVD-R）に記録し、登記所に提出することもできますし、CD-R に代えて、オンラインにより提出することもできます。

(注5) 従たる事務所所在地の登記所 1 庁につき、300 円の登記手数料が必要です。登記手数料は収入印紙で納付します。

(注6) 代理人に登記申請を委任した場合に添付します。

(注7) 従たる事務所の所在地で申請する場合には、主たる事務所の所在地において登記した登記事項証明書を添付します（組合等登記令 25 条、商業登記法 48 条 1 項）。なお、登記申請書に会社法人等番号を記載した場合には、登記事項証明書を添付する必要はありません（組合等登記令 25 条、商業登記法 19 条の 3、各種法人等登記規則 5 条、商業登記規則 36 条の 3）。

(注8) 理事の印鑑は、理事が登記所に提出した印鑑を押印します。

(注9) 代理人が登記申請する場合に記載し、代理人の印鑑を押印します。理事の印鑑は、委任状に押印しているので、申請書には押印の必要はありません。

（理事会議事録）

理事会議事録

1　開 催 日 時　　令和○年○月○日午前 10 時
1　開 催 場 所　　当法人事務所（東京都府中市府中一丁目1番1号）
1　理 事 総 数　　3名
1　出 席 理 事 数　　3名（甲山太郎、○○○○、○○○○）
1　審 議 事 項　　従たる事務所の廃止について
1　審議の経過の要領及び議決の結果
　　定款の規定により理事長甲山太郎が議長に就任し、直ちに議案の審議
　に入る。

　議案　従たる事務所の廃止の件

　　　議長は、東京都中野区中央一丁目1番1号に所在する当法人の従た
　る事務所の廃止について、令和○年○月○日をもって廃止したい旨を
　述べ、これを議場に諮ったところ、満場一致をもって可決決定した。
1　議事録署名人の選任に関する事項
　　議長から、次の者を議事録署名人に選任したい旨を述べ、これを議場
　に諮ったところ、満場一致をもって次の者が選任された。
　　　　議事録署名人　　○○○○
　　　　同　　　　　　　○○○○

　以上をもって理事会の議案全部の審議を終了したので、議長は閉会を宣
言し、午前 11 時 30 分散会した。

　上記の議決を明確にするため、この議事録を作成し、議長及び議事録署
名人がこれに記名押印する。

　令和○年○月○日

　　　　　　　　　　　　　　特定非営利活動法人向日葵会
　　　　　　　　　　　　　　　議長理事長　　甲山太郎　㊞
　　　　　　　　　　　　　　　議事録署名人　○○○○　㊞
　　　　　　　　　　　　　　　同　　　　　　○○○○　㊞

（社員総会議事録）

社員総会議事録

1　開　催　日　時　　令和○年○月○日午前 10 時
1　開　催　場　所　　当法人事務所（東京都府中市府中一丁目 1 番 1 号）
1　総　社　員　数　　○名
1　出席した社員数　　○名
1　審　議　事　項　　従たる事務所の廃止について
1　議長選任の経過

　　定刻に至り、司会者○○○○は開会を宣言し、本日の社員総会は定款所定数を満たしたので有効に成立した旨を告げ、議長の選任方法を諮ったところ、満場一致をもって、○○○○が議長に選任された。続いて議長から挨拶の後、議案の審議に入った。

1　議事の経過の要領及び議決の結果

　議案　定款変更の件

　　　議長は、東京都中野区中央一丁目 1 番 1 号に所在する当法人の従たる事務所を廃止するため、定款第○条を次のように変更したい旨を議場に諮ったところ、満場一致をもって異議なく可決決定した。
　　（事務所）
　　第○条　この法人は、主たる事務所を東京都府中市府中一丁目 1 番 1 号に置く。

1　議事録署名人の選任に関する事項

　　議長から、次の者を議事録署名人に選任したい旨を述べ、これを議場に諮ったところ、満場一致をもって次の者が選任された。

　　　議事録署名人　　○○○○
　　　同　　　　　　　○○○○

　　以上をもって社員総会の議案全部の審議を終了したので、議長は閉会を宣言し、午前 11 時 30 分散会した。

　　上記の議決を明確にするため、議長及び議事録署名人において、次に記名押印する。

　　　令和○年○月○日

　　　　　　　　　特定非営利活動法人向日葵会

114

```
                     社員総会において
                     議長　　　　　○○○○　㊞
                     議事録署名人　○○○○　㊞
                     同　　　　　　○○○○　㊞
```

（注）議事録が複数頁になる場合は、議事録署名人の1名が各頁の綴り目に契印
　　します。

（委任状）

```
                    委　任　状

                         東京都新宿区新宿一丁目1番1号
                              乙　川　一　郎

     私は、上記の者を代理人に定め、次の権限を委任する。

  1　令和○年○月○日当法人の従たる事務所を廃止したので、その登記の
  　申請に関する一切の件
  1　原本還付の請求及び受領の件

      令和○年○月○日

                         東京都府中市府中一丁目1番1号
                         特定非営利活動法人向日葵会
                              理事　甲　山　太　郎　㊞
```

（注）理事の印鑑は、理事が登記所に提出している印鑑を押印します。

3　従たる事務所の移転の登記

Q25

NPO法人が従たる事務所を移転した場合の登記手続について教えてください。

1　従たる事務所移転の手続

　NPO法人は、主たる事務所及びその他の事務所の所在地は定款で定めなければならないとされています（NPO法11条1項4号）。そこで、NPO法人が、法人成立後に従たる事務所を移転する場合、定款で従たる事務所の所在地を最小行政区画で定めている場合において、その最小行政区画の所在内での移転であれば、定款の変更を要しませんが、その行政区画以外に移転する場合や所在番地まで具体的に記載している場合の移転には、定款の変更が必要です。

　なお、定款の変更であって、所轄庁の変更を伴うものは、所轄庁の認証を受けなければ、その効力を生じないとされています（NPO法25条3項）ので、所轄庁の認証を受ける必要がありますが、所轄庁の認証を要しない場合には、当該定款の変更を議決した社員総会の議事録の謄本及び変更後の定款を添えて、その旨を所轄庁に届け出なければならないとされています（同条6項）。また、NPO法人は、定款の変更に係る登記をしたときは、遅滞なく、当該登記をしたことを証する登記事項証明書を所轄庁に提出しなければならないとされています（同条7項）。

2　従たる事務所移転の登記手続

(1)　登記期間等

　NPO法人がその従たる事務所を他の登記所の管轄区域内に移転したときは、主たる事務所の所在地においては2週間以内に、従たる事務所の移転の登記をしなければなりません（組合等登記令3条1項）。また、NPO法人が従たる事務所を他の登記所の管轄区域内に移転したときは、従たる事務所の旧所在地（主たる事務所の所在地を管轄する登記所の管轄区域内にある場合を除く。）においては3週間以内に移転の登記をし、従たる事務所の新所在地（主たる事務所の所在地を管轄する登記所の管轄区域内にある場合を除く。）においては4週間以内に、①

名称、②主たる事務所の所在場所、③従たる事務所の所在場所（その所在地を管轄する登記所の管轄区域内にあるものに限る。）を登記しなければなりません。ただし、既設の従たる事務所の所在地を管轄する登記所の管轄区域内に新たに従たる事務所を移転したときは、従たる事務所の所在場所のみを登記すれば足りるとされています（組合等登記令 12 条ただし書）。

　従たる事務所の所在地でする登記の申請は、その従たる事務所が、主たる事務所の所在地を管轄する登記所の管轄区域外にあるときは、所定の手数料を納付して、主たる事務所の所在地を管轄する登記所を経由して行うことができます。この場合、従たる事務所の所在地においてする登記の申請と主たる事務所の所在地においてする登記の申請とは、同一の書面をもって同時に一括申請しなければなりません。従たる事務所の所在地においてする登記の申請には、何ら書面の添付を要しません。

(2) **添付書面**

　NPO 法人が従たる事務所を移転する場合の主たる事務所の所在地における従たる事務所の移転の登記の申請書には、従たる事務所の移転を証する書面を添付しなければならないとされています（組合等登記令 17 条 1 項）。

ア　従たる事務所の移転を証する書面

① 定款の変更を要する場合

　社員総会議事録及び理事会議事録等が必要です。

　定款の変更について所轄庁の認証を要する場合は、認証書も添付しなければなりません。

② 定款の変更を要しない場合

　この場合には、具体的な所在地番を決定した理事会の議事録を添付します。

イ　代理人によって申請する場合は、代理権限を証する書面（委任状）を添付します。

　また、従たる事務所の所在地における登記の申請書には、主たる事務所の所在地において登記したことを証する書面（登記事項証明書）

を添付することを要します（組合等登記令 25 条、商業登記法 48 条 1 項）。

　なお、登記の申請書に会社法人等番号を記載した場合には、登記事項証明書を添付する必要はありません（組合等登記令 25 条、商業登記法 19 条の 3、各種法人等登記規則 5 条、商業登記規則 36 条の 3、平成 27.9.30 民商第 122 号民事局長通達）。

申請書書式

（主従事務所一括申請―主たる事務所所在地を管轄する登記所、従たる事務所の旧所在地を管轄する登記所及び従たる事務所の新所在地を管轄する登記所がそれぞれ異なる場合）

特定非営利活動法人従たる事務所移転登記申請書

1　会社法人等番号　　○○○○－○○－○○○○○○（注1）
　　フリガナ　　　　　ヒマワリカイ（注2）
1　名　　　称　　　　特定非営利活動法人向日葵会
1　主 た る 事 務 所　東京都府中市府中一丁目1番1号
1　従 た る 事 務 所　①管轄登記所　　東京法務局中野出張所
　　　　　　　　　　　　従たる事務所の所在地　東京都中野区中央一
　　　　　　　　　　　丁目1番1号
　　　　　　　　　　　②管轄登記所　　東京法務局八王子支局
　　　　　　　　　　　　従たる事務所の所在地　東京都八王子市八王
　　　　　　　　　　　子一丁目1番1号
　　　　　　　　　　　　　　　　　　　　　　　　　　　（注3）

1　登 記 の 事 由　　従たる事務所移転

1　登記すべき事項　　別紙のとおりの内容をオンラインにより提出済み
　　　　　　　　　　　　　　　　　　　　　　　　　　　（注4）

1　登 記 手 数 料　　金600円
　　　　　　　　　　　従たる事務所所在地登記所数　　2庁（注5）

1　添 付 書 類　　　社員総会議事録　　1通（注6）
　　　　　　　　　　　理事会議事録　　　1通
　　　　　　　　　　　委任状　　　　　　1通（注7）

　　上記のとおり登記の申請をします。
　　　令和○年○月○日

　　　　　　　　　　　東京都府中市府中一丁目1番1号
　　　　　　　　　　　申　請　人　　特定非営利活動法人向日葵会
　　　　　　　　　　　東京都豊島区池袋一丁目1番1号
　　　　　　　　　　　理　　事　　甲　山　太　郎　㊞（注8）
　　　　　　　　　　　東京都新宿区新宿一丁目1番1号

　　　　　　　　　　　上記代理人　　乙　川　一　郎　㊞（注9）
　　　　　　　　　　　連絡先の電話番号

　　東京法務局　府中支局　御中

（注1）会社法人等番号が分かる場合に記載します。
（注2）名称のフリガナは、法人の種類を表す部分（特定非営利活動法人）を除いて、片仮名で、左に詰めて記載します。
（注3）従たる事務所の所在地でする登記の申請は、その従たる事務所が、主たる事務所の所在地を管轄する登記所の管轄区域外にあるときは、所定の手数料を納付して、主たる事務所の所在地を管轄する登記所を経由して行うことができます。この場合、従たる事務所の所在地においてする登記の申請と主たる事務所の所在地においてする登記の申請とは、同一の書面をもって同時に一括申請しなければなりません。従たる事務所の所在地においてする登記の申請には、何ら書面の添付を要しません。①については、従たる事務所の移転前の管轄登記所及び従たる事務所所在地を記載します。また、②については、移転後の管轄登記所及び従たる事務所所在地を記載します。
（注4）登記すべき事項をCD-R（又はDVD-R）に記録し、登記所に提出することもできますし、CD-Rに代えて、オンラインにより提出することもできます。
（注5）従たる事務所所在地の登記所1庁につき、300円の登記手数料が必要です。登記手数料は収入印紙で納付します。
（注6）従たる事務所の移転について定款変更を要する場合は、社員総会議事録をも添付します。
（注7）代理人に登記申請を委任した場合に添付します。
（注8）理事の印鑑は、理事が登記所に提出した印鑑を押印します。
（注9）代理人が登記申請する場合に記載し、代理人の印鑑を押印します。理事の印鑑は、委任状に押印しているので、申請書には押印の必要はありません。

（登記すべき事項をオンラインにより提供する場合の別紙の例）

（主たる事務所所在地の登記所における登記すべき事項）
　　「従たる事務所番号」〇
　　「従たる事務所の所在地」東京都八王子市八王子一丁目1番1号
　　「原因年月日」令和〇年〇月〇日移転

（従たる事務所所在地の登記所―旧所在地を管轄する登記所における登記すべき事項）
（旧所在地の管轄区域内に主たる事務所又は他の従たる事務所がない場合）
　　「登記記録に関する事項」
　　令和〇年〇月〇日東京都中野区中央一丁目1番1号の従たる事務所を
　　東京都八王子市八王子一丁目1番1号に移転

（従たる事務所所在地の登記所―新所在地を管轄する登記所における登記すべき事項）
（新所在地の管轄区域内に主たる事務所又は既設の従たる事務所がない場合）
　　「名称」特定非営利活動法人向日葵会
　　「主たる事務所」東京都府中市府中一丁目1番1号
　　「法人成立の年月日」平成〇年〇月〇日
　　「従たる事務所番号」1
　　「従たる事務所所在地」東京都八王子市八王子一丁目1番1号
　　「登記記録に関する事項」
　　令和〇年〇月〇日東京都中野区中央一丁目1番1号から従たる事務所
　　移転

（社員総会議事録）

社員総会議事録

1　開　催　日　時　　令和○年○月○日午前 10 時 30 分
1　開　催　場　所　　当法人事務所（東京都府中市府中一丁目 1 番 1 号）
1　総　社　員　数　　○名
1　出席した社員数　　○名
1　審　議　事　項　　従たる事務所の移転について
1　議長選任の経過

　　　定刻に至り司会者○○○○は開会を宣言し、本日の社員総会は定款所
　定数を満たしたので有効に成立した旨を告げ、議長の選任方法を諮った
　ところ、満場一致をもって○○○○が議長に選任された。議長より挨拶
　の後議案の審議に入った。

1　議事の経過の要領及び議決の結果

　　議　案　定款変更の件

　　　議長は、従たる事務所を移転するため、この法人の定款を次のとお
　り変更したい旨理事会から付議されたので、これを議場に諮ったとこ
　ろ、満場一致をもって異議なく可決決定した。
　　（事務所）
　　　第○条　この法人は、主たる事務所を東京都府中市府中一丁目 1 番
　　　　　1 号に置き、従たる事務所を東京都八王子市八王子一丁目 1 番 1
　　　　　号に置く。

1　議事録署名人の選任に関する事項

　　　議長から、次の者を議事録署名人に選任したい旨を述べ、これを議場
　に諮ったところ、満場一致をもって次の者が議事録署名人に選任された。
　　　　議事録署名人　　○○○○
　　　　同　　　　　　　○○○○

　以上をもって社員総会の議案全部の審議を終了したので、議長は閉会を
宣言し、午前 11 時 30 分散会した。

　上記の議決を明確にするため、議長及び議事録署名人において、次に記
名押印する。

　　　令和○年○月○日

　　　　　　　　　　　　特定非営利活動法人向日葵会
　　　　　　　　　　　　　社員総会において
　　　　　　　　　　　　　議長　　　　　　○○○○　　㊞
　　　　　　　　　　　　　議事録署名人　○○○○　　㊞
　　　　　　　　　　　　　同　　　　　　　○○○○　　㊞

（注） 議事録が複数頁になる場合は、議事録署名人の 1 名が各頁の綴り目に契印
　　します。

（理事会議事録）

理事会議事録

1　開 催 日 時　　令和〇年〇月〇日午前 10 時 30 分
1　開 催 場 所　　当法人事務所（東京都府中市府中一丁目 1 番 1 号）
1　理 事 総 数　　3 名
1　出席理事数　　3 名（甲山太郎、〇〇〇〇、〇〇〇〇）
1　審 議 事 項　　従たる事務所の移転について
1　議事の経過の要領及び議決の結果
　　定款の規定により理事長甲山太郎が議長に就任し、直ちに議案の審議に入る。

　議案　従たる事務所移転の件

　　　議長は当法人の従たる事務所を令和〇年〇月〇日に東京都中野区中央一丁目 1 番 1 号より東京都八王子市八王子一丁目 1 番 1 号に移転したい旨を述べ、これを議場に諮ったところ、満場一致をもって可決決定した。

1　議事録署名人の選任に関する事項
　　議長から、次の者を議事録署名人に選任したい旨を述べ、これを議場に諮ったところ、満場一致をもって次の者が選任された。

　　　議事録署名人　〇〇〇〇
　　　同　　　　　　〇〇〇〇

　以上をもって理事会の議案全部の審議を終了したので、議長は閉会を宣言し、午前 11 時 30 分散会した。

　上記の決議を明確にするため、この議事録を作成し、議長及び議事録署名人が記名押印する。

　　　令和〇年〇月〇日

　　　　　　　　　　　　　特定非営利活動法人向日葵会
　　　　　　　　　　　　　　議長理事長　　　　甲山一郎　㊞
　　　　　　　　　　　　　　議事録署名人　　　〇〇〇〇　㊞
　　　　　　　　　　　　　　同　　　　　　　　〇〇〇〇　㊞

（委任状）

委　任　状

東京都新宿区新宿一丁目1番1号
乙　川　一　郎

　私は、上記の者を代理人に定め、下記の権限を委任する。

1　当法人は、令和○年○月○日に従たる事務所を移転したので、その登記の申請に関する一切の件
1　原本還付の請求及び受領の件

　　令和○年○月○日

東京都府中市府中一丁目1番1号
特定非営利活動法人向日葵会
　理事　　甲　山　太　郎　㊞

（注） 理事の印鑑は、理事が登記所に提出している印鑑を押印します。

第6章　理事の変更

1　NPO法人の役員の規律

NPO法人の役員に関する規律はどのようなものですか。

1　NPO法人の役員

　NPO法人には、役員として、理事3人以上監事1人以上を置かなければなりません（NPO法15条）。理事だけ設置するとか、監事だけ設置するということはできません。また、監事は、理事又はNPO法人の職員を兼ねてはならないとされています。

　役員には暴力団の構成員等はなれないなどの欠格事由（NPO法20条）のほか、親族の数等に制限が設けられています（NPO法21条）。

　理事は、すべてNPO法人の業務について、NPO法人を代表するものとされていますが、定款をもって、その代表権を制限することができるとされています（NPO法16条）。NPO法人の業務は、定款に特別の定めのないときは、理事の過半数をもって決定されます（NPO法17条）。また、役員の変更等があった場合は、その旨を所轄庁に届け出なければならないとされています（NPO法23条）。

　前述しましたが、NPO法人の理事は、すべてNPO法人の業務について、NPO法人を代表するとされていますが、定款をもって、その代表権を制限することができるとされています。したがって、NPO法人が定款において理事の代表権を制限していない場合には、理事全員が組合等登記令2条2項4号における代表権を有する者となり、理事全員を登記する必要があります。なお、定款をもって、代表権の制限を行っている場合、例えば、定款をもって、理事の互選等により特定の理事を理事長に選定し、当該理事長のみが法人を代表することとしている場合には、当該特定の理事（理事長）のみを「理事」の資格で登記し、その他の理事は、登記しないことになります。

　また、定款をもって、その代表権の一部が制限されたNPO法人の理

事が存在する場合には、当該理事を登記するほか、当該理事に係る代表
権の範囲又は制限に関する定めも登記しなければなりません（組合等登
記令 2 条 2 項 6 号、別表非営利活動法人の項の登記事項の欄）。

2　役員の欠格事由

　次のいずれかに該当する者は、NPO 法人の役員になることができな
いとされています（NPO 法 20 条）。

① 　心身の故障のため職務を適正に執行することができない者として内
　閣府令で定めるもの

② 　破産手続開始の決定を受けて復権を得ない者

③ 　禁固以上の刑に処せられ、その執行を終わった日又はその執行を受
　けることがなくなった日から 2 年を経過しない者

④ 　NPO 法若しくは暴力団員による不当な行為の防止等に関する法律
　の規定（NPO 法 32 条の 3 第 7 項及び 32 条の 11 第 1 項の規定を除く）に
　違反したことにより、又は刑法 204 条（傷害罪）、206 条（現場助勢
　罪）、208 条（暴行罪）、208 条の 2（凶器準備集合及び結集罪）、222 条
　（脅迫罪）若しくは 247 条（背任罪）の罪若しくは暴力行為等処罰に関
　する法律の罪を犯したことにより、罰金の刑に処せられ、その執行を
　終わった日又はその執行を受けることがなくなった日から 2 年を経過
　しない者

⑤ 　暴力団の構成員等

⑥ 　NPO 法 43 条の規定により設立の認証を取り消された NPO 法人の
　解散当時の役員で、設立の認証を取り消された日から 2 年を経過しな
　い者

　また、NPO 法では、役員の親族等の排除についての規定があり、役
員のうちには、それぞれの役員について、その配偶者若しくは 3 親等以
内の親族が 1 人を超えて含まれ、又は当該役員並びにその配偶者及び 3
親等以内の親族が役員の総数の 3 分の 1 を超えて含まれてはならないと
されています（NPO 法 21 条）。なお、監事は、理事又は NPO 法人の職
員を兼ねてはならないとされています（NPO 法 19 条）。

3　役員の任期

　NPO 法人の役員の任期は、2 年以内において定款で定める期間とさ

れています（NPO法24条1項）が、定款で役員を社員総会で選任することとしているNPO法人にあっては、定款により、後任の役員が選任されていない場合に限り、同項の規定により定款で定められた任期の末日後最初の社員総会が終結するまでその任期を伸長することができるとされています（同条2項）。したがって、社員総会以外の方法により役員を選任している法人については、役員の任期を伸長することはできません。

　役員の選任方法については、法律の定めがなく、定款で定めることになります。理事又は監事をNPO法人の社員総会で選任することができることとする場合は、定款にその旨を定める必要があります。

4　役員の欠員補充

　理事又は監事は、その任期満了、辞任、解任又は死亡等により退任しますが、その定数の3分の1を超える者が欠けたときは、遅滞なくこれを補充しなければならないとされています（NPO法22条）。

5　所轄庁に対する役員変更等の届出

　NPO法人は、その役員の氏名又は住所若しくは居所に変更があったときは、遅滞なく、変更後の役員名簿を添えて、その旨を所轄庁に届け出なければならないとされています（NPO法23条1項）。また、役員が新たに就任した場合（任期満了と同時に再任された場合を除く。）において、その届出をするときは、その役員に係る就任承諾書の謄本と、その住所又は居所を証する書面として都道府県又は指定都市の条例で定めるもの並びに役員の欠格事由及び役員の親族等の排除規定について違反のないことを誓う旨の誓約書の謄本を所轄庁に提出しなければならないとされています（同条2項）。

2　監事の職務

NPO法人の監事の職務について教えてください。

　監事は、①理事の業務執行の状況を監査し、②NPO法人の財産の状況

を監査します（NPO 法 18 条 1 号・2 号）。監査の結果、NPO 法人の業務又は財産に関し不正の行為又は法令若しくは定款に違反する重大な事実があることを発見した場合には、これを社員総会又は所轄庁に報告する義務を負っています（同条 3 号）。

　監事は、社員総会に報告するために必要がある場合には、社員総会を招集することができるとされていますし（同条 4 号）、また、理事の業務執行の状況又は NPO 法人の財産の状況について、理事に意見を述べることができます（同条 5 号）。

3　理事の登記

理事に変更が生じた場合の変更登記について教えてください。

1　概　説

　NPO 法人における役員として登記しなければならないのは、代表権を有する者であるとされています（組合等登記令 2 条 2 項 4 号）。NPO 法人においては、理事は全ての業務について NPO 法人を代表するとされていますので（NPO 法 16 条前段）、理事の全員について、定款をもって、その代表権を一切制限していない NPO 法人にあっては、理事全員を代表権を有する者として登記しなければなりません。

　ただし、定款をもって、その代表権を制限することができるとされていますので（NPO 法 16 条後段）、定款をもって、その代表権の一部が制限された NPO 法人の理事が存在する場合には、当該理事を登記するほか、当該理事に係る代表権の範囲又は制限に関する定めも登記しなければなりません。

　また、定款をもって、その代表権の全部が制限された NPO 法人の理事が存在する場合には、当該理事は、代表権を有する者には該当しないため、登記することを要しないこととなります（組合等登記令 2 条 2 項 4 号）。例えば、定款をもって、理事の互選等により特定の理事を理事長

に選定し、当該理事長のみが法人を代表することとしている場合には、当該特定の理事のみを「理事」の資格で登記し、その他の理事は、登記することを要しないこととなります（平成24.2.3民商第298号民事局商事課長依命通知）。

2 登記手続

(1) 登記期間

NPO法人を代表すべき理事に変更が生じたときは、2週間以内に、その主たる事務所の所在地において、変更の登記をしなければなりません（組合等登記令3条1項）。登記の申請は、法人を代表すべき理事が申請人となります。

(2) 登記事項

登記すべき事項は、理事が退任したときは、退任した理事の氏名、住所及び退任の旨（退任事由）並びに退任年月日です。理事が理事の任期満了により退任した場合、理事を辞任した場合、理事を解任された場合又は死亡した場合には、当該理事の退任の登記の登記原因は、それぞれ「退任」、「辞任」、「解任」又は「死亡」とし、その登記の原因年月日は、これらの退任の事由が生じた日となります。

理事が就任したときは、就任した理事の氏名、住所及び就任年月日です。登記原因としては、「就任」、「重任」等を用います。

NPO法人の理事は、全てNPO法人を代表することが原則ですので、基本的には、理事全員の氏名・住所を登記することになります。

ただし、定款をもって、特定の理事以外の理事の代表権を制限した場合には、当該特定の理事のみがNPO法人を代表することになりますので、登記簿には、当該特定の理事の氏名、住所及び資格を登記しなければなりません。それ以外の理事は代表権を有する者には該当しないため、登記することを要しません。この場合には、当該特定の理事のみを「理事」の資格で登記します。

(3) 婚姻前の氏の登記

理事の就任の登記、理事の氏の変更の登記等の申請をする者は、婚姻により氏を改めた理事につき、婚姻前の氏をも登記するよう申し出ることができるとされています（各種法人等登記規則5条、商業登記規則81条の2）。

⑷　添付書類

　登記事項の変更の登記の申請書には、その事項の変更を証する書面を添付しなければならないとされています（組合等登記令 17 条 1 項）。

　理事の変更の登記の申請書に添付すべき登記事項の変更を証する書面には、次の書面が該当します。

①　理事の退任を証する書面

　ⅰ　辞任の場合には、辞任届

　　　登記所に印鑑の提出をしている理事の辞任による変更の登記の申請書には、辞任届に押印した印鑑につき市町村長作成に係る印鑑証明書を添付しなければならないとされています。ただし、理事が登記所に提出している印鑑を辞任届に押しているときは、印鑑証明書を添付する必要はありません（各種法人等登記規則 5 条、商業登記規則 61 条 8 項）。

　ⅱ　死亡の場合には、死亡届、戸籍記載事項証明書、法定相続情報一覧図の写し等

　　　不動産登記規則 247 条の規定により交付された法定相続情報一覧図の写しについては、相続があったことを証する市町村長その他の公務員が職務上作成した書面及び役員等の死亡を証する書面（組合等登記令 17 条 1 項）として取り扱うことができるとされています（平成 29.5.18 民商第 84 号民事局商事課長通知）。

　ⅲ　任期満了により理事が退任する場合には、改選の際の社員総会の議事録等に、任期満了により退任した旨の記載がある場合には、当該議事録が理事が退任したことを証する書面に該当します。

②　理事に就任したことを証する書面

　　この書面には、次の書面が該当します。

　ⅰ　定款

　　　NPO 法人の理事の選任方法は、NPO 法が「役員に関する事項」として定款で定めるところによる（NPO 法 11 条 1 項 6 号）としているため、当該定めに基づいた理事の選任方法であるかどうかを確認する必要があることから、定款を添付する必要があるとされています（各種法人等登記規則 5 条、商業登記規則 61 条 1 項）。

　ⅱ　定款所定の方法によって理事に選任されたことを証する書面

定款に理事の選任方法として、「理事は、総会において選任する。」と定めている場合には、総会の議事録が該当します（山森航太「特定非営利活動促進法の一部を改正する法律の施行に伴う法人登記事務の取扱いについて」民事月報67巻2号23頁）。

iii　理事に就任することについての就任承諾書

　　代表権を有する理事に選定された理事についての、理事に就任することについての就任承諾書を添付しなければなりません。

　　理事を選任した社員総会の議事録等に理事に選任された者が席上その就任を承諾した旨の記載がある場合には、当該議事録等が理事の就任承諾書も兼ねることになるため、別途就任承諾書を添付する必要はありません。

③　理事が代表権を有する理事に就任したことを証する書面

　　この書面には、次の書面が該当します。

i　定款

　　代表権を有する理事の選定方法は、「役員に関する事項」として定款で定めなければならないとされています（NPO法11条1項6号）ので、当該定款の定めに基づいた代表権を有する理事の選定方法であるかどうかを確認するため、定款を添付する必要があります（各種法人等登記規則5条、商業登記規則61条1項。前掲山森・民事月報67巻2号24頁）。

ii　定款所定の方法によって代表権を有する理事に選定されたことを証する書面

　　定款に、代表権を有する理事を理事の互選で選定する旨の定めが置かれている場合には、当該理事の互選を証する書面が代表権を有する理事に選定されたことを証する書面となります。

　　この場合には、当該書面に押印された印鑑と変更前の理事が登記所に提出している印鑑とが同一であるときを除き、理事がその互選を証する書面に押印した印鑑につき、市町村長の作成した証明書を添付しなければならないとされています（各種法人等登記規則5条、商業登記規則61条6項）。

iii　代表権を有する理事に就任することについての就任承諾書

　　代表権を有する理事に選定された理事についての、代表権を有

する理事に就任することについての就任承諾書（すなわち、理事長としての就任承諾書）を添付する必要があります。なお、この書面は、定款に理事の互選（又は理事会の決議）により代表権を有する理事を選定する旨の定めがある場合に限り、添付する必要があるとされています（平成 24.2.3 民商第 298 号商事課長依命通知）。

　また、代表権を有する理事を選定した理事の互選を証する書面に代表権を有する理事に選定された者がその場においてその就任を承諾した旨の記載がある場合には、当該書面が代表権を有する理事の就任承諾書を兼ねることになるため、別途就任承諾書を添付する必要はないとされています（前掲山森・民事月報 67 巻 2 号 24 頁）。

申請書書式（理事長に選定された理事が辞任し、後任の理事長を選定した場合）

特定非営利活動法人変更登記申請書

1 　会社法人等番号　　○○○○－○○－○○○○○○（注1）
　　　フリガナ　　　　ヒマワリカイ（注2）
1 　名　　　　称　　　特定非営利活動法人向日葵会
1 　主たる事務所　　　東京都府中市府中一丁目1番1号
1 　登記の事由　　　　理事の変更
1 　登記すべき事項　　別紙のとおりの内容をオンラインにより提出済み
　　　　　　　　　　　　　　　　　　　　　　　　　　　　　　（注3）

1 　添　付　書　類　　社員総会議事録　　　　　　　　1通（注4）
　　　　　　　　　　　理事の互選書（又は理事会議事録）1通（注5）
　　　　　　　　　　　定款　　　　　　　　　　　　　1通
　　　　　　　　　　　就任承諾書　　　　　　　　　　1通
　　　　　　　　　　　辞任届　　　　　　　　　　　　1通
　　　　　　　　　　　印鑑証明書　　　　　　　　　　1通
　　　　　　　　　　　委任状　　　　　　　　　　　　1通（注6）

　上記のとおり登記の申請をします。
　　令和○年○月○日

　　　　　　　　　　　東京都府中市府中一丁目1番1号
　　　　　　　　　　　申　請　人　　特定非営利活動法人向日葵会
　　　　　　　　　　　東京都墨田区墨田一丁目1番1号
　　　　　　　　　　　理　　事　　山　村　五　郎　㊞（注7）
　　　　　　　　　　　東京都新宿区新宿一丁目1番1号
　　　　　　　　　　　上記代理人　　乙　川　一　郎　㊞（注8）
　　　　　　　　　　　連絡先の電話番号

　東京法務局　府中支局　御中

（注1）会社法人等番号が分かる場合に記載します。
（注2）名称のフリガナは、法人の種類を表す部分（特定非営利活動法人）を除いて、片仮名で、左に詰めて記載します。
（注3）登記すべき事項をCD-R（又はDVD-R）に記録し、登記所に提出することもできますし、CD-Rに代えて、オンラインにより提出することもできます。

（注4）定款で理事の選任方法を理事会により選任すると定めている場合には、理事会議事録を添付します。

（注5）理事長のみが法人を代表する旨の定款の定めがあり、理事長を理事の互選により選定した場合には、理事の互選書を添付します。その内容が理事の互選を証するものである場合には、理事会の議事録を添付しても差し支えありません。

（注6）代理人に登記申請を委任した場合に添付します。

（注7）理事の印鑑は、理事が登記所に提出した印鑑を押印します。

（注8）代理人が登記申請する場合に記載し、代理人の印鑑を押印します。理事の印鑑は、委任状に押印しているので、申請書には押印の必要はありません。

（登記すべき事項をオンラインにより提供する場合の別紙の例―理事長に選定された理事が辞任し、後任の理事長を選定した場合）

「役員に関する事項」
「資格」理事
「住所」東京都豊島区池袋一丁目1番1号
「氏名」甲山太郎
「原因年月日」令和〇年〇月〇日辞任
「役員に関する事項」
「資格」理事
「住所」東京都墨田区墨田一丁目1番1号
「氏名」山村五郎
「原因年月日」令和〇年〇月〇日就任

（社員総会議事録）

社員総会議事録

1　開　催　日　時　　令和○年○月○日午前 10 時
1　開　催　場　所　　当法人事務所（東京都府中市府中一丁目 1 番 1 号）
1　総　社　員　数　　○名
1　出席した社員数　　○名
1　審　議　事　項　　役員の改選について
1　議長選任の経過

　　定刻に至り、司会者○○○○は開会を宣言し、本日の社員総会は定款所定数を満たしたので有効に成立した旨を告げ、議長の選任方法を諮ったところ、満場一致をもって、○○○○が議長に選任された、続いて議長から挨拶の後、議案の審議に入った。

1　議案の経過の要領及び議決の結果

　議　案　理事の辞任につき改選の件

　　　議長は、理事甲山太郎が令和○年○月○日をもって辞任した旨を述べ、後任の理事の改選方を議場に諮ったところ満場一致をもって、次の者が理事に選任され、被選任者は、いずれもその席上就任を承諾した。

　　　　　理事　東京都墨田区墨田一丁目 1 番 1 号　　山村五郎（新任）

1　議事録署名人の選任に関する事項

　　議長から、次の者を議事録署名人に選任したい旨を述べ、これを議場に諮ったところ、満場一致をもって次の者が議事録署名人に選任された。

　　　議事録署名人　　○○○○
　　　同　　　　　　　○○○○

　　以上をもって社員総会の議案全部の審議を終了したので、議長は閉会を宣言し、午前 11 時 30 分散会した。

　　上記の議決を明確にするため、議長及び議事録署名人において、次に記名押印する。

　　　令和○年○月○日

　　　　　　　　　　　　　特定非営利活動法人向日葵会
　　　　　　　　　　　　　社員総会において

議長	○○○○	印
議事録署名人	○○○○	印
同	○○○○	印

（注１）議事録が複数頁になる場合は、議事録署名人の１名が各頁の綴り目に契印します。

（注２）社員総会の席上で被選任者が就任を承諾し、その旨の記載が議事録にある場合には、申請書に就任承諾書を添付する必要はありません。この場合は、申請書には、「就任承諾書は、社員総会議事録の記載を援用する。」と記載します。

（辞任届）

辞　任　届

　私は、このたび一身上の都合により、貴法人の理事及び理事長を辞任いたしたく、お届けいたします。

　　　令和○年○月○日

　　　　　　　　　　　　　　　東京都豊島区池袋一丁目１番１号
　　　　　　　　　　　　　　　　　甲　山　太　郎　印

　　特定非営利活動法人向日葵会　御中

（注）NPO法人の代表者であって、印鑑提出者である者の辞任による変更の登記の申請書には、当該代表者の辞任届に押印した印鑑と登記所提出印とが同一である場合を除き、当該印鑑につき市町村長作成の証明書を添付しなければなりません。

　　印鑑を提出している理事以外の理事の辞任の場合は、辞任届に押印する印鑑は、認印でも差し支えありません。

（死亡届の例）

死　亡　届

　理事長甲山太郎は、令和○年○月○日死亡しましたので、お届けいたします。

　　　　令和○年○月○日

　　　　　　　　　　　　　　東京都豊島区池袋一丁目1番1号
　　　　　　　　　　　　　　甲山太郎　妻　　甲山洋子　　　㊞

特定非営利活動法人向日葵会　御中

（注） 届出人の印鑑は、認印で差し支えありません。

138

（理事の互選書―理事長のみが NPO 法人を代表する旨の定款の定めがあり、定款の定めに基づき、理事長を理事の互選により選定した場合）

理事の互選書

　令和○年○月○日午前 10 時から、当法人の事務所会議室（東京都府中市府中一丁目 1 番 1 号）において、定款第○条の規定に基づき理事長を選定するため、理事全員の互選の結果、次のとおり決定した。

1　理事長に、理事山村五郎（東京都墨田区墨田一丁目 1 番 1 号）を選定すること。
　　なお、被選定者は、その就任を承諾した。

　上記決定を明確にするため、この互選書を作り、理事全員が次に記名押印する。

　　　　令和○年○月○日

　　　　　　　　　　　　　　特定非営利活動法人向日葵会
　　　　　　　　　　　　　　理事　　　山村五郎　　㊞
　　　　　　　　　　　　　　理事　　　○○○○　　㊞
　　　　　　　　　　　　　　理事　　　○○○○　　㊞

（注）
1　理事の互選の場で理事長に選定された理事がその就任を承諾し、その旨の記載が互選書にある場合には、申請書に、就任承諾書を添付する必要はありません。この場合、申請書には、「就任承諾書は、理事の互選書の記載を援用する。」と記載します。
2　理事長のみが法人を代表する場合には、互選に係る同意をした理事全員の印鑑につき市町村長の作成した印鑑証明書を添付しなければならないとされています。

（就任承諾書─理事長に選定された理事の理事に就任することについての就任承諾書）

就任承諾書

　私は、令和〇年〇月〇日開催の貴法人社員総会において、貴法人の理事に選任されたので、その就任を承諾します。

　　　令和〇年〇月〇日

　　　　　　　　　　　　　　　　　　　東京都墨田区墨田一丁目1番1号

　　　　　　　　　　　　　　　　　　　　山　村　五　郎　㊞

　　特定非営利活動法人向日葵会　御中

（注）理事の就任承諾書の押印は、認印でも差し支えありません。

（就任承諾書　理事長等に選定された理事の理事長に就任することについての就任承諾書）

就任承諾書

　私は、令和〇年〇月〇日の理事の互選において、貴法人の理事長に選任されたので、その就任を承諾します。

　　　令和〇年〇月〇日

　　　　　　　　　　　　　　　　　　　東京都墨田区墨田一丁目1番1号

　　　　　　　　　　　　　　　　　　　　山　村　五　郎　㊞

　　特定非営利活動法人向日葵会　御中

（注）理事長の就任承諾書の押印は、認印でも差し支えありません。

（委任状）

委　任　状

東京都新宿区新宿一丁目1番1号
乙　川　一　郎

　私は、上記の者を代理人に定め、次の権限を委任する。

1　当法人の理事の変更登記を申請する一切の件
1　原本還付の請求及び受領の件

　　令和○年○月○日

東京都府中市府中一丁目1番1号
特定非営利活動法人向日葵会
理事　山　村　五　郎　㊞

（注） 理事の印鑑は、当該理事が登記所に提出している印鑑を押印します。

申請書書式

（理事が各自法人を代表する場合において理事の全員が重任する場合）

特定非営利活動法人変更登記申請書

1　会社法人等番号　　　○○○○－○○－○○○○○○（注1）
　　フリガナ　　　　　　ヒマワリカイ（注2）
1　名　　　　称　　　　特定非営利活動法人向日葵会
1　主 た る 事 務 所　　東京都府中市府中一丁目1番1号
1　登 記 の 事 由　　　理事の変更
1　登記すべき事項　　　別紙のとおりの内容をオンラインにより提出済み

　　　　　　　　　　　　　　　　　　　　　　　　　　　　　（注3）

1　添　付　書　類　　　社員総会議事録　　　　　1通（注4）
　　　　　　　　　　　　定款　　　　　　　　　　1通
　　　　　　　　　　　　就任承諾書　　　　　　　○通
　　　　　　　　　　　　印鑑証明書　　　　　　　○通
　　　　　　　　　　　　委任状　　　　　　　　　1通（注5）

　　上記のとおり登記の申請をします。
　　令和○年○月○日

　　　　　　　　　　　東京都府中市府中一丁目1番1号
　　　　　　　　　　　申　請　人　　特定非営利活動法人向日葵会
　　　　　　　　　　　東京都墨田区墨田一丁目1番1号
　　　　　　　　　　　理　　　事　　山　村　五　郎　㊞（注6）
　　　　　　　　　　　東京都新宿区新宿一丁目1番1号
　　　　　　　　　　　上記代理人　　乙　川　一　郎　㊞（注7）
　　　　　　　　　　　連絡先の電話番号

　　東京法務局　府中支局　御中

（注1）会社法人等番号が分かる場合に記載します。
（注2）名称のフリガナは、法人の種類を表す部分（特定非営利活動法人）を除
　　　いて、片仮名で、左に詰めて記載します。
（注3）登記すべき事項をCD-R（又はDVD-R）に記録し、登記所に提出するこ
　　　ともできますし、CD-Rに代えて、オンラインにより提出することもできます。
（注4）定款で理事を理事会等により選任すると定めた場合には、理事会議事録
　　　等を添付します。

(注 5)　代理人に登記申請を委任した場合に添付します。

(注 6)　理事の印鑑は、理事が登記所に提出した印鑑を押印します。

(注 7)　代理人が登記申請する場合に記載し、代理人の印鑑を押印します。理事の印鑑は、委任状に押印しているので、申請書には押印の必要はありません。

（登記すべき事項をオンラインにより提供する場合の別紙の例―理事が各自法人を代表する場合）

```
「役員に関する事項」
「資格」理事
「住所」東京都墨田区墨田一丁目 1 番 1 号
「氏名」山村五郎
「原因年月日」令和○年○月○日重任
「役員に関する事項」
「資格」理事
「住所」○県○市○町○丁目○番○号
「氏名」○○○○
「原因年月日」令和○年○月○日重任
「役員に関する事項」
「資格」理事
「住所」東京都○区○町○丁目○番○号
「氏名」○○○○
「原因年月日」令和○年○月○日重任
```

(注)　理事が各自法人を代表する場合には、理事全員を登記します。

（社員総会議事録）

社員総会議事録

1　開　催　日　時　　令和○年○月○日午前 10 時
1　開　催　場　所　　当法人事務所（東京都府中市府中一丁目1番1号）
1　総　社　員　数　　○名
1　出席した社員数　　○名
1　審　議　事　項　　役員の改選について
1　議長選任の経過

　　定刻に至り、司会者○○○○は開会を宣言し、本日の社員総会は定款所定数を満たしたので有効に成立した旨を告げ、議長の選任方法を諮ったところ、満場一致をもって○○○○が議長に選任された。議長から挨拶の後、議案の審議に入った。

1　議事の経過の概要及び議決の結果

　第1号議案　事業報告書、財産目録、貸借対照表及び収支決算書付議の件

　　　議長は、理事より本案について付議された旨を述べ、これを議場に諮ったところ、満場一致をもって異議なく可決決定した。

　第2号議案　役員任期満了に伴う改選の件

　　　議長は、理事全員が令和○年○月○日任期満了につき、その改選方を議場に諮ったところ、満場一致をもって、次の者が理事に選任され、被選任者は、いずれもその就任を承諾した。
　　　　　　理事　山村五郎　東京都墨田区墨田一丁目1番1号　　（重任）
　　　　　　理事　○○○○　○県○市○町○丁目○番○号　　　（重任）
　　　　　　理事　○○○○　東京都○区○町○丁目○番○号　　（重任）

1　議事録署名人の選任に関する事項

　　　議長から、次の者を議事録署名人に選任したい旨を述べ、これを議場に諮ったところ、満場一致をもって次の者が議事録署名人に選任された。
　　　　　　議事録署名人　○○○○
　　　　　　同　　　　　　○○○○

　　以上をもって社員総会の議案全部の審議を終了したので、議長は閉会を宣言し、午前 11 時 30 分散会した。

　　上記の議決を明確にするため、議長及び議事録署名人において、次に記名押印する。

　　令和○年○月○日

　　　　　　　　　　　　　特定非営利活動法人向日葵会
　　　　　　　　　　　　　社員総会において
　　　　　　　　　　　　　議長　　　　　　○○○○　　㊞
　　　　　　　　　　　　　議事録署名人　　○○○○　　㊞
　　　　　　　　　　　　　同　　　　　　　○○○○　　㊞

（注1）議事録が複数頁になる場合には、議事録署名人の1名が各頁の綴り目に
　　　契印します。

（注2）社員総会の席上で理事に選任された者が就任を承諾し、その旨の記載が
　　　社員総会議事録にある場合には、申請書に就任承諾書を添付する必要はあ
　　　りません。この場合、申請書には、「就任承諾書は、社員総会議事録の記
　　　載を援用する。」と記載します。

（注3）理事が各自法人を代表する場合には、社員総会議事録に押印した者全員
　　　の印鑑につき市町村長の作成した印鑑証明書を添付しなければならないと
　　　されています。ただし、重任した理事が登記所に印鑑を提出している者で
　　　ある場合、当該印鑑を議事録署名者として議事録に押印しているときは、
　　　これら印鑑証明書の添付は必要ありません。

（就任承諾書）

就任承諾書

私は、令和○年○月○日開催の貴法人社員総会において、貴法人の理事に選任されたので、その就任を承諾します。

令和○年○月○日

東京都墨田区墨田一丁目1番1号
山　村　五　郎　㊞

特定非営利活動法人向日葵会　御中

（注）理事が各自法人を代表する場合には、理事全員の就任承諾書を添付します。

（委任状の例）

委　任　状

東京都新宿区新宿一丁目1番1号
乙　川　一　郎

私は、上記の者を代理人に定め、下記の権限を委任する。

1　当法人の理事の変更登記の申請に係る一切の件
1　原本還付の請求及び受領の件

令和○年○月○日

東京都府中市府中一丁目1番1号
特定非営利活動法人向日葵会
理事　山　村　五　郎　㊞

（注）理事の印鑑は、理事が登記所に提出している印鑑を押印します。

理事の住所に変更があった場合の変更登記について教えてください。

　理事の住所に変更があった場合には、変更後の住所及び変更年月日を登記しなければなりません。変更の登記は、2 週間以内に、その主たる事務所の所在地においてしなければなりません（組合等登記令 3 条 1 項）。

　住所の変更は、住所移転、行政区画の変更、住居表示の実施・変更、行政区画の変更に伴う地番の変更又は土地改良事業や土地区画整理事業等の施行のための地番変更により生じます。なお、地番の変更を伴わない行政区画の変更の場合には、法律上、変更による登記があったものとみなされているため、当事者に変更登記申請の義務はないものと解されています（組合等登記令 25 条、商業登記法 26 条）。

1　登記すべき事項

　登記すべき事項は、変更後の住所及び変更年月日です。

2　添付書類

　住所変更の登記の申請書には、代理人によって申請する場合の委任状以外の添付書面は要しないとされています（組合等登記令 17 条 1 項ただし書、25 条、商業登記法 18 条）。

申請書書式

（理事の住所移転の場合）

特定非営利活動法人変更登記申請書

1　会社法人等番号　　○○○○－○○－○○○○○○（注1）
　　フリガナ　　　　　ヒマワリカイ（注2）
1　名　　　　称　　　特定非営利活動法人向日葵会
1　主 た る 事 務 所　東京都府中市府中一丁目1番1号
1　登 記 の 事 由　　理事の住所変更
1　登記すべき事項　　別紙のとおりの内容をオンラインにより提出済み
　　　　　　　　　　　　　　　　　　　　　　　　　　　　　（注3）

1　添 付 書 類　　　委任状　　1通（注4）

　　上記のとおり登記の申請をします。
　　令和○年○月○日

　　　　　　　　　　　東京都府中市府中一丁目1番1号
　　　　　　　　　　　申 請 人　　特定非営利活動法人向日葵会
　　　　　　　　　　　東京都府中市府中三丁目3番3号（注5）
　　　　　　　　　　　理　　　事　　山　村　五　郎　㊞（注6）
　　　　　　　　　　　東京都新宿区新宿一丁目1番1号
　　　　　　　　　　　上記代理人　　乙　川　一　郎　㊞（注7）
　　　　　　　　　　　連絡先の電話番号

　　東京法務局　　府中支局　　御中

（注1） 会社法人等番号が分かる場合に記載します。
（注2） 名称のフリガナは、法人の種類を表す（特定非営利活動法人）部分を除いて、片仮名で、左に詰めて記載します。
（注3） 登記すべき事項をCD-R（又はDVD-R）に記録し、登記所に提出することもできますし、CD-Rに代えて、オンラインにより提出することもできます。
（注4） 代理人に登記申請を委任した場合に添付します。
（注5） 変更後の理事の住所を記載します。
（注6） 理事の印鑑は、理事が登記所に提出した印鑑を押印します。
（注7） 代理人が登記申請する場合に記載し、代理人の印鑑を押印します。理事の印鑑は、委任状に押印しているので、申請書には押印の必要はありません。

（登記すべき事項をオンラインにより提供する場合の別紙の例）

> 「役員に関する事項」
> 「資格」理事
> 「住所」東京都府中市府中三丁目3番3号
> 「氏名」山村五郎
> 「原因年月日」令和○年○月○日住所移転

（委任状）

委　任　状

東京都新宿区新宿一丁目1番1号
乙　川　一　郎

　私は、上記の者を代理人に定め、次の権限を委任する。

1　理事山村五郎の住所は、令和○年○月○日東京都府中市府中三丁目3
　番3号に移転したので、その変更の登記を申請する一切の件

　　令和○年○月○日

東京都府中市府中一丁目1番1号
特定非営利活動法人向日葵会
　理事　　山　村　五　郎　㊞

（注） 理事の印鑑は、理事が登記所に提出している印鑑を押印します。

Q30

理事長である理事が婚姻により氏を変更しましたので、その変更の登記及び婚姻前の氏の記録の申出もしたいのですが、どのような登記の手続をすればよいのですか。

　理事の氏名に変更が生じたときは、変更後の氏名、変更があった旨及び変更年月日を登記しなければなりません。変更の登記は、2週間以内に、その主たる事務所の所在地において、しなければなりません（組合等登記令3条1項）。氏の変更は、養子縁組、離縁、婚姻、離婚等によって生じます。また、氏の変更の登記申請と同時に、婚姻前の氏をも記録するよう申出することもできます（各種法人等登記規則5条、商業登記規則81条の2第1項）。婚姻前の氏の記録の申出がされた場合には、登記官は、理事の氏の変更登記の申請に係る登記をするときに、理事の氏名とともに、その申出に係る婚姻前の氏を登記記録に記録するものとされています（平成27.2.20民商第18号民事局長通達）。

1　登記すべき事項

　　登記すべき事項は、変更後の氏名及び変更年月日です。

2　添付書類

　　登記の申請書には、代理人によって申請する場合の委任状のほか、添付書面を要しないとされています。ただし、婚姻前の氏を記録するよう申出をする場合には、婚姻前の氏を証する書面として、婚姻に関する事項の記載がある戸籍謄本又は戸籍事項証明書等を添付する必要があります（各種法人等登記規則5条、商業登記規則81条の2第2項、平成27.2.20民商第18号民事局長通達）。

申請書書式

（理事の氏の変更登記―婚姻前の氏の記録をするよう申出がある場合）

特定非営利活動法人変更登記申請書

1　会社法人等番号　　○○○○－○○－○○○○○○（注1）

　　フリガナ　　　　　ヒマワリカイ（注2）

1　名　　　　称　　　特定非営利活動法人向日葵会

1　主 た る 事 務 所　東京都府中市府中一丁目1番1号

1　登 記 の 事 由　　理事の氏変更

1　登記すべき事項　　令和○年○月○日理事山村五郎の氏変更

　　　　　　　　　　　氏名　甲山五郎（山村五郎）

　　　　　　　　　　　　下記の者につき、婚姻前の氏を記録するよう

　　　　　　　　　　　申し出ます。

　　　　　　　　　　　　なお、婚姻前の氏を称する書面として、戸籍

　　　　　　　　　　　の全部事項証明書を添付します。

　　　　　　　　　　　　　　　　　　記

　　　　　　　　　　　婚姻前の氏をも記録する者の資格及び氏名

　　　　　　　　　　　　　資格　　　理事

　　　　　　　　　　　　　氏名　　　甲山五郎

　　　　　　　　　　　　　記録すべき婚姻前の氏　　　山村

　　　　　　　　　　　　　　　　　　　　　　　　　　（注3）

1　添 付 書 類　　　委任状　　1通（注4）

　　上記のとおり登記の申請をします。

　　　令和○年○月○日

　　　　　　　　　　　東京都府中市府中一丁目1番1号

　　　　　　　　　　　申 請 人　　特定非営利活動法人向日葵会

　　　　　　　　　　　東京都新宿区東新宿一丁目1番1号

　　　　　　　　　　　理　　　事　　甲 山 五 郎　㊞（注5）

　　　　　　　　　　　東京都豊島区池袋一丁目1番1号

　　　　　　　　　　　上記代理人　　乙 川 一 郎　㊞（注6）

　　　　　　　　　　　連絡先の電話番号

　　東京法務局　府中支局　御中

（注1） 会社法人等番号が分かる場合に記載します。
（注2） 名称のフリガナは、法人の種類を表す部分（特定非営利活動法人）を除いて、片仮名で、左に詰めて記載します。
（注3） 理事の氏の変更の登記の申請と同時に理事甲山五郎の婚姻前の氏「山村」につき各種法人等登記規則5条で準用する商業登記規則81条の2第1項の申出があった場合の申請書の記載
（注4） 代理人に登記申請を委任した場合に添付します。
（注5） 理事の印鑑は、理事が登記所に提出した印鑑を押印します。
（注6） 代理人が登記申請する場合に記載し、代理人の印鑑を押印します。理事の印鑑は、委任状に押印しているので、申請書には押印の必要はありません。

（委任状）

委　任　状

東京都新宿区新宿一丁目1番1号
　　　乙　川　一　郎

　私は、上記の者を代理人に定め、次の権限を委任する。

1　理事山村五郎の氏が令和○年○月○日甲山五郎に変更したことに伴い、その変更の登記を申請する一切の件
1　理事甲山五郎の婚姻前の氏の記録の申出の件
1　原本還付の請求及び受領の件

　　　令和○年○月○日

東京都府中市府中一丁目1番1号
特定非営利活動法人向日葵会
　　　理事　　甲　山　五　郎　㊞

（注） 理事の印鑑は、理事が登記所に提出している印鑑を押印します。

152

Q31

定款を変更して新たに理事の代表権の範囲又は制限に関する定めをした場合における当該定めの設定の登記について教えてください。

　従前、NPO 法人の理事は、NPO 法人の全ての業務について NPO 法人を代表するとされ、定款をもってその代表権を制限することができるが、取引の安全を図る見地から、理事の代表権に加えた制限は、善意の第三者に対抗することはできないとされていました（平成 23 年改正前 NPO 法（旧法）16 条）。このため、旧法下においては、「代表権の範囲又は制限に関する定めがあるときは、その定め」が NPO 法人の登記事項とはされておらず、法人の内部において代表権を制限された理事が存在する場合であっても、当該理事を含めた理事全員を「代表権を有する者」として、「理事」の資格で登記しなければならないとされていました（平成 10.8.31 法務省民四第 1605 号民事局長通達参照）。

　平成 23 年の改正法では、旧法の取引の安全を図るための方策として、「善意の第三者に対抗することができない」という規律が廃止され、「登記による公示」の規律が採用されました（山森航太「特定非営利活動促進法の一部を改正する法律の施行に伴う法人登記事務の取扱いについて」民事月報 67 巻 2 号 18 頁）。具体的には、旧法の 16 条 2 項の規定が削られ、施行令附則 2 条により組合等登記令の一部が改正され、NPO 法人の登記事項として、「代表権の範囲又は制限に関する定めがあるときは、その定め」が追加されました（組合等登記令 2 条 2 項 6 号、別表特定非営利活動法人の項の登記事項の欄）。

　したがって、定款をもって、その代表権の一部が制限された NPO 法人の理事が存在する場合には、当該理事を登記するほか、当該理事に係る代表権の範囲又は制限に関する定めも登記しなければならないとされました。

　新たに定款を変更して、理事の代表権の範囲又は制限に関する定めを設定した場合の変更登記の手続は、次のとおりです。

⑴　登記期間等

　　代表権の範囲又は制限に関する定款の定めを設定したときは、所轄

庁の定款変更の認証書が到達した日から2週間以内に、主たる事務所の所在地において、代表権の一部が制限された理事を登記するほか、当該理事に係る代表権の範囲又は制限に関する定めを登記しなければなりません（組合等登記令3条）。

(2) **添付書類**

① 社員総会の議事録（組合等登記令17条1項）

　登記事項の変更を証する書面（組合等登記令17条1項）として、理事の就任の登記に係るもののほか、定款の変更に係る社員総会議事録（NPO法25条1項）を添付します。

② 定款（各種法人等登記規則5条、商業登記規則61条1項）

③ 定款の変更に係る所轄庁の認証書（組合等登記令25条、商業登記法19条）

申請書書式
（理事の代表権の範囲又は制限に関する定めの設定の登記）

特定非営利活動法人変更登記申請書

1　会 社 法 人 等 番 号　○○○○－○○－○○○○○○（注1）
　フリガナ　　　　　　　　ヒマワリカイ（注2）
1　名　　　　　　　 称　特定非営利活動法人向日葵会
1　主 た る 事 務 所　東京都府中市府中一丁目1番1号
1　登 記 の 事 由　代表権の範囲に関する定めの設定
1　登 記 す べ き 事 項　別紙のとおりの内容をオンラインにより提出済み
　　　　　　　　　　　　　　　　　　　　　　　　　　　　（注3）

1　認証書到達の年月日　令和○年○月○日
1　添 付 書 類　社員総会議事録　　1通
　　　　　　　　　　　　定款　　　　　　　1通
　　　　　　　　　　　　認証書　　　　　　1通
　　　　　　　　　　　　委任状　　　　　　1通（注4）

　上記のとおり登記の申請をします。
　　令和○年○月○日

　　　　　　　　　　　東京都府中市府中一丁目1番1号
　　　　　　　　　　　申　請　人　　特定非営利活動法人向日葵会
　　　　　　　　　　　東京都府中市府中三丁目3番3号
　　　　　　　　　　　理　　　事　　甲　山　五　郎　㊞（注5）
　　　　　　　　　　　東京都新宿区新宿一丁目1番1号
　　　　　　　　　　　上記代理人　　乙　川　一　郎　㊞（注6）
　　　　　　　　　　　連絡先の電話番号

　　東京法務局　府中支局　御中

（注1）会社法人等番号が分かる場合に記載します。
（注2）名称のフリガナは、法人の種類を表す（特定非営利活動法人）部分を除いて、片仮名で、左に詰めて記載します。
（注3）登記すべき事項をCD-R（又はDVD-R）に記録し、登記所に提出することもできますし、CD-Rに代えて、オンラインにより提出することもできます。
（注4）代理人に登記申請を委任した場合に添付します。
（注5）理事の印鑑は、理事が登記所に提出した印鑑を押印します。

（注6）代理人が登記申請する場合に記載し、代理人の印鑑を押印します。理事
　　　の印鑑は、委任状に押印しているので、申請書には押印の必要はありませ
　　　ん。

（登記すべき事項をオンラインにより提供する場合の別紙の例）

「役員に関する事項」
「資格」代表権の範囲又は制限
「役員に関するその他の事項」
理事丁野太郎は東京都中野区中野一丁目1番1号の従たる事務所の業務に
ついてのみ代表権を有する。

（社員総会議事録）

社員総会議事録

1　開　催　日　時　　令和○年○月○日午前 10 時
1　開　催　場　所　　当法人事務所（東京都府中市府中一丁目 1 番 1 号）
1　総　社　員　数　　○名
1　出席した社員数　　○名
1　審　議　事　項　　代表権の範囲に関する規定の変更について
1　議長選任の経過

　　定刻に至り、司会者○○○○は開会を宣言し、本日の社員総会は定款所定数を満たしたので有効に成立した旨を告げ、議長の選任方法を諮ったところ、満場一致をもって○○○○が議長に選任された。続いて議長から挨拶の後、議案の審議に入った。

1　議事の経過の要領及び議決の結果

　第 1 号議案　定款変更の件

　　　議長は、東京都中野区中野一丁目 1 番 1 号の従たる事務所の担当理事は、当該事務所の業務のみについて代表権を有するものとしたい旨を述べ、そのため、定款第○条を次のとおり変更したい旨を議場に諮ったところ、満場一致をもって異議なく可決決定した。

　　　第○条　東京都中野区中野一丁目 1 番 1 号の従たる事務所の担当理
　　　　　事は、当該事務所の業務のみについてこの法人を代表する。

　第 2 号議案　丁野太郎の従たる事務所の担当理事就任の件

　　　議長は、第 1 号議案の可決に伴い、次のとおり東京都中野区中野一丁目 1 番 1 号の従たる事務所の担当理事の決定を議場に諮ったところ、全員異議なく可決決定した。

　　　理事丁野太郎は、東京都中野区中野一丁目 1 番 1 号の従たる事務所業務についてのみこの法人を代表する。

1　議事録署名人の選任に関する事項

　　議長から、次の者を議事録署名人に選任したい旨を述べ、これを議場に諮ったところ、満場一致をもって次の者が議事録署名人に選任された。

　　　　　議事録署名人　　○○○○
　　　　　同　　　　　　　○○○○

　　以上をもって社員総会の議案全部の審議を終了したので、議長は閉会を宣言し、午前 11 時 30 分散会した。

上記の議決を明確にするため、議長及び議事録署名人において、次に記名押印する。

　　令和〇年〇月〇日

　　　　　　　　　　　　　　　特定非営利活動法人向日葵会
　　　　　　　　　　　　　　　社員総会において
　　　　　　　　　　　　　　　議長　　　　〇〇〇〇　㊞
　　　　　　　　　　　　　　　議事録署名人　〇〇〇〇　㊞
　　　　　　　　　　　　　　　同　　　　　〇〇〇〇　㊞

（注）議事録が複数頁になる場合は、議事録署名人の1名が各頁の綴り目に契印します。

理事長のみが代表権を有する理事であるNPO法人において、理事長の役職のみを辞任し、理事は辞任しない場合の代表権を有する理事の退任の登記の登記原因及び登記の原因年月日はどのようになりますか。

　代表権を有する理事が理事の任期満了により退任した場合、理事を辞任した場合あるいは理事を解任された場合には、当該代表権を有する理事の退任の登記をしなければなりません。登記原因は、それぞれ退任、辞任、又は解任として、その登記の原因年月日は、これらの退任の事由が生じた日とされています。

　代表権を有する理事がその代表権を喪失することにより代表者たる地位のみを辞す場合すなわち、理事長のみが代表権を有する理事であるNPO法人において、理事長の役職のみを辞任し、理事は辞任しない場合には、当該代表権を有する理事の退任の登記の登記原因は、「代表権喪失」とし、その登記の原因年月日は、代表権を喪失した日、つまり、理事長の役職を辞任した日であるとされています（山森航太「特定非営利活動促進法の一部を改正する法律の施行に伴う法人登記事務の取扱いについて」民事月報67

巻 2 号 25 頁)。

　また、代表権を有する理事がその代表権を喪失することにより代表者た
る地位のみを辞し、その後任者として、これまで代表権を有していなかっ
た理事を定款の定めに基づき代表権を有する理事として選定した場合に
は、新たに選定された代表権を有する理事の就任の登記原因は、「就任」
とし、その登記の原因年月日は、代表権を取得した日、つまり、理事長に
選定され、その就任を承諾した日であるとされています（前掲山森・民事
月報 67 巻 2 号 25 頁）。

理事全員が任期満了により退任した場合に、仮理事の選任を待たず、退任した理事が社員総会を招集して理事を選任することができるのですか。

1　理事退任後の理事の選任手続

　NPO 法人の役員の任期は、原則として、2 年以内において定款で定
める期間とされています（NPO 法 24 条 1 項）。また、定款で役員を社員
総会で選任することとしている NPO 法人にあっては、定款により、後
任の役員が選任されていない場合に限り、定款で定められた任期の末日
後最初の社員総会が終結するまでその任期を伸長することができるとさ
れています（同条 2 項）。

　NPO 法人の理事の任期が満了した場合には、当該理事が、その後任
者が就任するまで理事としての権利義務を承継することや任期が伸長さ
れるとする法の規定は存在しないことから、理事は退任することになり
ます。

　そこで、後任理事の選任の手続がされないまま理事全員が任期満了で
退任したような NPO 法人にあっては、定款に特段の定めがない限り、
社員総会を招集できる者がいないため、所轄庁に仮理事の選任を求め、
選任された当該仮理事が社員総会を招集し、理事を選任することになり
ます（NPO 法 17 条の 3）。したがって、理事全員が任期満了により退任
した場合において、後任理事の登記が申請されたときは、仮理事の登記

又はその申請がなければ、受理することはできないこととされていました。

　ただし、法人と理事との関係は、民法の委任に関する規定に従うものと解されていますので、仮理事の選任を待つことができない急迫の事情がある場合には、民法654条の趣旨に照らし、退任した理事が社員総会等を招集し、後任理事の選任をすることができるものと解されています。この場合には、仮理事の登記又はその申請がない場合であっても、後任理事の登記の申請を受理することができることになりますが、不実の登記を防止するため等から、当該急迫の事情がある旨を基礎づける具体的な事由を組合等登記令17条1項の登記事項の変更を証する書面において、記載する必要があるとされています。具体的には、理事の選任方法が社員総会の決議となっている法人では社員総会の議事録に、また、理事の選任方法が理事会の決議となっている法人では理事会の議事録に記載する必要があるとされています（平成19.1.11民商第31号民事局商事課長通知。民事月報62巻2号210頁参照）。

2　登記手続

　理事退任後に理事選任手続を行ったNPO法人は、理事の任期満了による退任の登記及び代表権を有する理事の就任の登記をしなければなりません。

　理事の変更の登記の申請書に添付すべき書面は次のとおりです。

① 　社員総会議事録

　　　定款で理事を理事等により選任すると定めている場合には、理事会議事録を添付します。

② 　理事の互選書（又は理事会議事録）

　　　理事長のみが法人を代表する旨の定款の定めがあり、理事の互選により理事長等を選定した場合には、理事の互選書を添付します。

③ 　定款

④ 　就任承諾書

⑤ 　印鑑証明書

⑥ 　委任状

申請書書式

（役員変更登記─理事退任後に理事選任手続を行った場合）

特定非営利活動法人変更登記申請書

1　会社法人等番号　　○○○○－○○－○○○○○○（注1）
　　フリガナ　　　　　ヒマワリカイ（注2）
1　名　　　　称　　　特定非営利活動法人向日葵会
1　主たる事務所　　　東京都府中市府中一丁目1番1号
1　登記の事由　　　　理事の変更
1　登記すべき事項　　別紙のとおりの内容をオンラインにより提出済み
　　　　　　　　　　　　　　　　　　　　　　　　　　　（注3）
1　添　付　書　類　　社員総会議事録　　　　　　　　1通（注4）
　　　　　　　　　　　理事の互選書（又は理事会議事録）1通（注5）
　　　　　　　　　　　定款　　　　　　　　　　　　　1通
　　　　　　　　　　　就任承諾書　　　　　　　　　　○通
　　　　　　　　　　　印鑑証明書　　　　　　　　　　○通
　　　　　　　　　　　委任状　　　　　　　　　　　　1通（注6）

　上記のとおり登記の申請をします。
　　令和○年○月○日

　　　　　　　　　　　東京都府中市府中一丁目1番1号
　　　　　　　　　　　申　請　人　　特定非営利活動法人向日葵会
　　　　　　　　　　　埼玉県さいたま市浦和区浦和一丁目1番1号
　　　　　　　　　　　理　　　事　　丙　村　真　一　㊞（注7）
　　　　　　　　　　　東京都新宿区新宿一丁目1番1号
　　　　　　　　　　　上記代理人　　乙　川　一　郎　㊞（注8）
　　　　　　　　　　　連絡先の電話番号

　　東京法務局　府中支局　御中

（注1）会社法人等番号が分かる場合に記載します。
（注2）名称のフリガナは、法人の種類を表す（特定非営利活動法人）部分を除
　　　いて、片仮名で、左に詰めて記載します。
（注3）登記すべき事項をCD-R（又はDVD-R）に記録し、登記所に提出するこ
　　　ともできますし、CD-Rに代えて、オンラインにより提出することもできます。
（注4）定款で理事を社員総会により選任すると定めている場合に添付します。

（注5）特定の理事（理事長）のみが法人を代表する旨の定款の定めがあり、理事長を理事の互選により選定した場合には、理事の互選書を添付します。

（注6）代理人に登記申請を委任した場合に添付します。

（注7）理事の印鑑は、理事が登記所に提出した印鑑を押印します。

（注8）代理人が登記申請する場合に記載し、代理人の印鑑を押印します。理事の印鑑は、委任状に押印しているので、申請書には押印の必要はありません。

（登記すべき事項をオンラインにより提供する場合の別紙の例　特定の理事のみが法人を代表する旨の定款の定めがある場合）

「役員に関する事項」
「資格」理事
「住所」東京都墨田区墨田一丁目1番1号
「氏名」甲山五郎
「原因年月日」令和〇年〇月〇日退任

「役員に関する事項」
「資格」理事
「住所」埼玉県さいたま市浦和区浦和一丁目1番1号
「氏名」丙村真一
「原因年月日」令和〇年〇月〇日就任

（社員総会議事録）

社員総会議事録

1　開　催　日　時　　令和○年○月○日午前 10 時
1　開　催　場　所　　当法人事務所（東京都府中市府中一丁目 1 番 1 号）
1　総　社　員　数　　○名
1　出席した社員数　　○名
1　審　議　事　項　　役員の改選について
1　議長選任の経過

　　定刻に至り司会者○○○○は開会を宣言し、当法人の社員総会は、理事の任期が満了し、理事が社員総会を招集することができないが、本日の社員総会は、仮理事の選任を待つことができない急迫の事情があるため、すなわち、仮理事選任手続を了するまで社員総会において理事の選任ができない状態が続くとすれば、当法人はもとより、当法人が行う福祉の増進を図る活動の利用者その他の第三者に著しい支障及び不利益が生ずるおそれが顕著であるため、甲山五郎が招集し、開催したこと並びに定款所定数を満たしたので有効に成立した旨を告げ、議長の選任方法を諮ったところ、満場一致をもって○○○○が議長に選任された。続いて、議長から挨拶の後、議案の審議に入った。

1　議事の経過の概要及び議決の結果

　議　案　役員の任期満了による改選の件

　　議長は、理事甲山五郎、同○○○○及び同○○○○並びに監事○○○○が任期満了につき、その改選方を議場に諮ったところ、満場一致をもって、次の者が理事及び監事に選任され、被選任者は、いずれも、その就任を承諾した。

　　　　理事　埼玉県さいたま市浦和区浦和一丁目 1 番 1 号　　丙村真一
　　　　理事　東京都○区○町○丁目○番○号　　　　　　　　　○○○○
　　　　理事　○県○市○町○丁目○番○号　　　　　　　　　　○○○○
　　　　監事　東京都○区○町○丁目○番○号　　　　　　　　　○○○○

1　議事録署名人の選任に関する事項

　　議長から、次の者を議事録署名人に選任したい旨を述べ、これを議場に諮ったところ、満場一致をもって次の者が議事録署名人に選任された。

　　　　議事録署名人　　○○○○
　　　　同　　　　　　　○○○○

以上をもって社員総会の議案全部の審議を終了したので、議長は閉会を

宣言し、午前 11 時 30 分散会した。

　上記の議決を明確にするため、議長及び議事録署名人において、次に記名押印する。

　　令和○年○月○日

　　　　　　　　　　　　　　　　特定非営利活動法人向日葵会
　　　　　　　　　　　　　　　　社員総会において
　　　　　　　　　　　　　　　　議長　　　　　○○○○　㊞
　　　　　　　　　　　　　　　　議事録署名人　○○○○　㊞
　　　　　　　　　　　　　　　　同　　　　　　○○○○　㊞

（注） 議事録が複数頁になる場合は、議事録署名人の 1 名が各頁の綴り目に契印します。

（理事の互選書の例）

理事の互選書

　令和○年○月○日午前 10 時 30 分から、東京都府中市府中一丁目 1 番 1 号の当法人事務所会議室において、定款第○条の規定に基づき理事長を選定するため、理事全員の互選の結果、次のとおり決定した。

1　理事長に理事丙村真一（埼玉県さいたま市浦和区浦和一丁目 1 番 1 号）を選定すること。
　　なお、被選定者は、その就任を承諾した。

　上記決定を明確にするため、本互選書を作成し、理事全員が次に記名押印する。

　　　　令和○年○月○日

　　　　　　　　　　　　　　特定非営利活動法人向日葵会
　　　　　　　　　　　　　　理事　　丙村真一　㊞
　　　　　　　　　　　　　　理事　　○○○○　㊞
　　　　　　　　　　　　　　理事　　○○○○　㊞

（注）特定の理事（理事長等）のみが法人を代表する場合には、互選に係る同意をした理事全員の印鑑につき市町村長の作成した印鑑証明書を添付しなければなりません。ただし、重任した理事が登記所に印鑑を提出している者である場合、当該印鑑を議事録署名人として議事録に押印しているときには、これらの印鑑証明書の添付は必要ありません。

（就任承諾書―理事長等に選定された理事についての理事に就任すること についての承諾書）

就任承諾書

　私は、令和〇年〇月〇日開催の貴法人の社員総会において、貴法人の理事に選任されたので、その就任を承諾します。

　　　　令和〇年〇月〇日

　　　　　　　　　　　　　埼玉県さいたま市浦和区浦和一丁目１番１号
　　　　　　　　　　　　　　丙　村　真　一　㊞

　　　特定非営利活動法人向日葵会　　御中

（就任承諾書―理事長に就任することについての承諾書）

就任承諾書

　私は、令和〇年〇月〇日の理事の互選において、貴法人の理事長に選定されたので、その就任を承諾します。

　　　　令和〇年〇月〇日

　　　　　　　　　　　　　埼玉県さいたま市浦和区浦和一丁目１番１号
　　　　　　　　　　　　　　丙　村　真　一　㊞

　　　特定非営利活動法人向日葵会　　御中

（委任状）

委　任　状

東京都新宿区新宿一丁目 1 番 1 号

乙　川　一　郎

　私は、上記の者を代理人に定め、次の権限を委任する。

1　当法人の理事の変更登記をする一切の件
1　原本還付の請求及び受領の件

　　令和○年○月○日

東京都府中市府中一丁目 1 番 1 号
特定非営利活動法人向日葵会
　理事　　丙　村　真　一　㊞

（注） 理事の印鑑は、理事が登記所に提出している印鑑を押印します。

第 7 章

認定特定非営利活動法人制度・特例認定特定非営利活動法人制度

認定特定非営利活動法人・特例認定特定非営利活動法人
について説明してください。

1 認定特定非営利活動法人とは

　NPO法人（特定非営利活動法人）のうち、その運営組織及び事業活動
が適正であって公益の増進に資するものは、所轄庁の認定を受けること
ができるとされ（NPO法44条1項）、この認定を受けたNPO法人は、
認定特定非営利活動法人（以下「認定NPO法人」という。）と称され
（NPO法2条3項）、認定NPO法人でない者は、その名称又は商号中
に、認定NPO法人であると誤解されるおそれのある文字を用いてはな
らないとされています（NPO法50条1項）。

　なお、認定NPO法人は、その名称中に「認定特定非営利活動法人」
という文字を用いることは可能であるとされています（平成24.2.3民商
第298号商事課長依命通知）。NPO法人が、定款を変更して名称中に「認
定NPO法人」という文字を用いることとした場合には、名称の変更の
登記をしなければなりません（前掲通知）。

2 特例認定特定非営利活動法人とは

　NPO法人（特定非営利活動法人）であって新たに設立されたもの（設
立後5年以内のものをいう。）のうち、その運営組織及び事業活動が適正
であって特定非営利活動の健全な発展の基盤を有し公益の増進に資する
と見込まれるものは、所轄庁の特例認定を受けることができるとされ
（NPO法58条1項）、この特例認定を受けたNPO法人は、特例認定特定
非営利活動法人（以下「特例認定NPO法人」という。）と称するとされて
います（NPO法2条4項）。

　特例認定 NPO 法人についても、その名称中に「特例認定特定非営利活動法人」という文字を用いることは可能であるとされ（前掲通知）、NPO 法人が、定款を変更して名称中に「特例認定 NPO 法人」という文字を用いることとした場合には、名称の変更の登記をしなければなりません（前掲通知）。なお、この特例 NPO 法人制度は平成 23 年の改正 NPO 法（平成 23 年法律第 70 号）で導入され、「仮認定特定非営利活動法人」という名称を用いていましたが、平成 28 年の NPO 法の改正により、「特例認定 NPO 法人」という名称に改められました。

認定・特例認定を受けるための申請手続について教えてください。

1　認定を受けるための申請手続

ア　認定を受けようとする NPO 法人は、所轄庁の条例で定めるところにより、次の①〜③の書類を添付した申請書を所轄庁に提出し、認定を受けることになります（NPO 法 44 条 2 項）。

①　実績判定期間内の日を含む各事業年度の寄附者名簿（寄附金の支払者ごとの氏名（法人にあっては、その名称）及び住所並びにその寄附金の額及び受け入れた年月日を記載したもの）

　　なお、実績判定期間とは、認定を受けようとする NPO 法人の直前に終了した事業年度の末日以前 5 年（認定を受けたことのない NPO 法人が認定を受けようとする場合にあっては、2 年）内に終了した各事業年度のうち最も早い事業年度の初日から当該末日までの期間をいうとされています（NPO 法 44 条 3 項）。

②　NPO 法 45 条 1 項各号の認定の基準に適合する旨を説明する書類及び欠格事由に該当しない旨を説明する書類

③　寄附金を充当する予定の具体的な事業の内容を記載した書類

イ　認定の申請書の提出は、申請書を提出した日を含む事業年度の初日において、設立の日以後 1 年を超える期間が経過している必要があります（NPO 法 45 条 1 項 8 号）。

ウ　認定の有効期間は、所轄庁による認定の日から起算して5年です。

なお、有効期間の満了後引き続き認定NPO法人として特定非営利活動を行おうとする認定NPO法人は、その有効期間の更新を受けなければなりません。

認定の有効期間の更新を受けようとする認定NPO法人は、有効期間の満了の日の6か月前から3か月前までの間（更新申請期間）に、①認定の基準に適合する旨を説明する書類及び欠格事由に該当しない旨を説明する書類、及び②寄附金を充当する予定の具体的な事業の内容を記載した書類を添付した有効期間の更新の申請書を所轄庁に提出し、有効期間の更新を受けることとなります。なお、上記①及び②の書類については、既に所轄庁に提出されている当該書類の内容に変更がないときは、その添付を省略することができます（NPO法51条）。

認定の有効期間の更新がされた場合の認定の有効期間は、従前の認定の有効期間の日の満了の翌日から起算して5年です（NPO法51条1項）。

2　特例認定を受けるための申請手続

ア　特例認定を受けようとするNPO法人は、所轄庁の条例で定めるところにより、次に掲げる書類を添付した申請書を所轄庁に提出し、認定を受けることになります（NPO法58条2項、44条2項2号・3号）。

①　特例認定の基準に適合する旨を説明する書類及び欠格事由に該当しない旨を説明する書類

②　寄附金を充当する予定の具体的な事業の内容を記載した書類

イ　特例認定の申請ができるNPO法人は、次に掲げる基準に適合する必要があります（NPO法59条）。

①　特例認定の申請書を提出した日を含む事業年度の初日において、その設立の日以後1年を超える期間が経過していること

②　特例認定の申請書を提出した日の前日において、その設立の日から5年を経過しないNPO法人であること

③　認定又は特例認定を受けたことがないこと

ウ　特例認定の有効期間は、所轄庁による特例認定の日から起算して3年です（NPO法60条）。なお、特例認定の有効期間の更新はありません。

NPO 法人が所轄庁から認定（特例認定）を受ける場合の基準・欠格事項について教えてください。

1　認定・特例認定を受けるための基準

　認定 NPO 法人としての認定を受けるためには、その運営組織及び事業活動が適正であって公益の増進に資することにつき、次に掲げる①から⑧までの基準に適合する必要があります（NPO 法 44 条 1 項、45 条）。また、特例認定 NPO 法人として特例認定を受けるためには、NPO 法人として新たに設立されたもののうち、その運営組織及び事業活動が適正であって特定非営利活動の健全な発展の基盤を有し公益の増進に資すると見込まれることにつき、次に掲げる②から⑩までの基準に適合する必要があります（NPO 法 45 条、58 条、59 条）。

① 　広く市民からの支援を受けているかどうかを判断するための基準として、NPO 法 45 条 1 項 1 号に掲げる基準のいずれかに適合すること（この基準は、特例認定 NPO 法人は除かれます。）

② 　実績判定期間における事業活動のうち、次に掲げる活動の占める割合が 50％未満であること

　　i 　会員等に対する資産の譲渡等及び会員等相互の交流、連絡又は意見交換その他その対象が会員等である活動

　　ii 　特定の範囲の者に便益が及ぶ活動

　　iii 　特定の著作物又は特定の者に関する普及啓発、広告宣伝、調査研究、情報提供その他の活動

　　iv 　特定の者に対し、その者の意に反した作為又は不作為を求める活動

③ 　運営組織及び経理が適切であること
　　次のいずれの基準にも適合していること

　　i 　役員に占める役員の親族等の割合が 3 分の 1 以下であること

　　ii 　役員に占める特定の法人の役員又は使用人等の割合が 3 分の 1 以下であること

　　iii 　各社員の表決権が平等であること

iv 会計について、公認会計士若しくは監査法人の監査を受けている
こと、又は内閣府令で定めるところにより、帳簿及び書類を備え付
けてこれらにその取引を記録し、かつ、当該帳簿及び書類を保存し
ていること

v 支出した金銭でその費途が明らかでないものがあることその他の
不適正な経理として内閣府令で定める経理が行われていないこと

④ 事業活動の内容が適正であること

次のいずれの基準にも適合していること

i 宗教の教義を広め、儀式行事を行い、及び信者を教化育成する活
動を行っていないこと

ii 政治上の主義を推進し、支持し、又はこれに反対する活動を行っ
ていないこと

iii 特定の公職の候補者若しくは公職にある者又は政党を推薦し、支
持し、又はこれに反対する活動を行っていないこと

iv 役員、社員、職員若しくは寄附者若しくはこれらの者の配偶者若
しくは3親等以内の親族等に対し特別の利益を与えないこと、その
他の特定の者と特別の関係がないものとして内閣府令で定める基準
に適合していること。

v 実績判定期間における事業費の総額のうちに特定非営利活動に係
る事業費の額の占める割合又はこれに準ずるものとして内閣府令で
定める割合が80%以上であること

vi 実績判定期間における受入寄附金総額の70%以上を特定非営利
活動に係る事業費に充てていること

⑤ 情報公開を適切に行っていること

次に掲げる書類について閲覧の請求があった場合には、その事務所
において閲覧させること

イ 事業報告書等、役員名簿及び定款等

ロ i 各認定の基準に適合する旨及び欠格事由に該当しない旨を説
明する書類並びに寄附金を充当する予定の具体的な事業の内容
を記載した書類

ii 前事業年度の役員報酬又は職員給与の支給に関する規程及び
収益の明細その他の資金に関する事項、資産の譲渡等に関する

　　　　　事項、寄附金に関する事項その他一定の事項等を記載した書類

　　　　 ⅲ　助成の実績を記載した書類

⑥　各事業年度において、事業報告書等を NPO 法 29 条の規定により所轄庁に提出していること

⑦　法令又は法令に基づいてする行政庁の処分に違反する事実、偽りその他不正の行為により利益を得、又は得ようとした事実その他公益に反する事実がないこと

⑧　認定又は特例認定の申請書を提出した日を含む事業年度の初日において、設立の日以後 1 年を超える期間が経過していること

⑨　過去に認定又は特例認定を受けたことがないこと（NPO 法 59 条 3 号）

⑩　特例認定の申請書を提出した日の前日において、設立の日から 5 年を経過しない法人であること（NPO 法 59 条 2 号）

2　欠格事由

　　NPO 法人が認定等を受けるためには、1 で述べた認定（特例認定）NPO 法人になるための基準を満たす必要がありますが、さらに、次のいずれかの欠格事由に該当する NPO 法人は認定又は特例認定を受けることはできません（NPO 法 47 条、62 条）。

ア　役員のうちに、次のいずれかに該当する者がある法人

①　認定又は特例認定を取り消された法人において、その取消しの原因となった事実があった日以前 1 年内に当該法人のその業務を行う理事であった者でその取消しの日から 5 年を経過しない者

②　禁錮以上の刑に処せられ、その執行を終わった日又はその執行を受けることがなくなった日から 5 年を経過しない者

③　NPO 法、暴力団員による不当な行為の防止等に関する法律の規定に違反したことにより、若しくは刑法 204 条（傷害罪）、206 条（現場助勢罪）、208 条（暴行罪）、208 条の 2（凶器等準備集合及び結集罪）、222 条（脅迫罪）若しくは 247 条（背任罪）の罪若しくは暴力行為等処罰に関する法律の罪を犯したことにより、又は国税若しくは地方税に関する法律に違反したことにより、罰金刑に処せられ、その執行を受けることがなくなった日から 5 年を経過しない者

④　暴力団の構成員等

イ　認定又は特例認定を取り消され、その取消しの日から5年を経過しない法人

ウ　定款又は事業計画書の内容が法令又は法令に基づいてする行政庁の処分に違反している法人

エ　国税又は地方税の滞納処分の執行がされている法人又は滞納処分の終了の日から3年を経過しない法人

オ　国税に係る重加算税又は地方税に係る重加算金を課された日から3年を経過しない法人

カ　暴力団、又は、暴力団若しくは暴力団の構成員等の統制の下にある法人

認定NPO法人等の情報公開制度は、どうなっていますか。

　認定NPO法人等は、以下の書類について閲覧の申請があった場合には、正当な理由がある場合を除いて、これをその事務所において閲覧させなければならないとされています（NPO法45条1項5号）。

(1)　事業報告書等、役員名簿及び定款等

(2)　各認定基準に適合する旨及び欠格事由に該当しない旨を説明する書類（NPO法44条2項2号）

(3)　寄附金を充当する予定の具体的な事業の内容を記載した書類（NPO法44条2項3号）

(4)　前事業年度の役員報酬又は職員給与の支給に関する規程（NPO法54条2項2号）

(5)　前事業年度の収益の明細その他の資金に関する事項、資産の譲渡等に関する事項、寄附金に関する事項その他の内閣府令で定める事項を記載した書類（NPO法54条2項3号）

（内閣府令で定める事項を記載した書類—NPO法施行規則32条1項）

① 収益の源泉別の明細、借入金の明細その他の資金に関する事項

② 資産の譲渡等に係る事業の料金、条件その他その内容に関する事項

③ 次に掲げる取引に係る取引先、取引金額その他その内容に関する事項

　　 i 収益の生ずる取引及び費用の生ずる取引のそれぞれについて、取引金額の最も多いものから順次その順位を付した場合におけるそれぞれ第一順位から第五順位までの取引

　　 ii 役員等との取引

④ 寄附者（当該認定 NPO 法人の役員、役員の配偶者若しくは三親等以内の親族又は役員と特殊の関係のある者で、前事業年度における当該認定 NPO 法人に対する寄附金の額の合計額 20 万円以上であるものに限る。）の氏名並びにその寄附金の額及び受領年月日

⑤ 給与を得た職員の総数及び当該職員に対する給与の総額に関する事項

⑥ 支出した寄附金の額並びにその相手先及び支出年月日

⑦ 海外への送金又は金銭の持出しを行った場合におけるその金額及び使途並びに実施日

(6) 上記(4)及び(5)に掲げるもののほか、内閣府令で定める書類（NPO 法 54 条 2 項 4 号、NPO 法施行規則 32 条 2 項）

(7) 助成の実績を記載した書類（NPO 法 54 条 3 項）

　また、所轄庁においても、認定 NPO 法人等から提出を受けた上記の書類（過去 5 年間に提出を受けたものに限る。）について、閲覧又は謄写の請求があったときは、所轄庁の条例で定めるところにより、これを閲覧させ、又は謄写させなければならないとされています（NPO 法 56 条、62 条）。

どのような場合に認定、特例認定は取り消されるのですか。

1 所轄庁は、次の場合には、認定又は特例認定を取り消さなければならないとされています（NPO法67条1項・3項）。

① 欠格事由（認定等を取り消され、その取消しの日から5年を経過しないものを除く。）のいずれかに該当するとき

② 偽りその他不正の手段により認定、特例認定、認定の有効期間の更新又は合併の認定を受けたとき

③ 正当な理由がなく、所轄庁又は所轄庁以外の関係知事による命令に従わないとき

④ 認定NPO法人等から認定又は特例認定の取消しの申請があったとき

2 次の場合には、所轄庁は認定又は特例認定を取り消すことができるとされています（NPO法67条2項・3項）。

① NPO法45条1項3号、4号イ若しくはロ又は7号に掲げる認定基準等に適合しなくなったとき

② NPO法29条の事業報告書等の提出、同法52条4項又は54条4項の閲覧の規定を遵守していないとき

③ 上記①及び②に掲げるもののほか、法令又は法令に基づいてする行政庁の処分に違反したとき

NPO法人が、定款を変更して名称中に認定NPO法人又は特例認定NPO法人という文字を用いることとした場合には、名称の変更登記をしなければなりませんか。

1 認定・特例認定NPO法人の名称の変更

NPO法人のうち、その運営組織及び事業活動が適正であって公益の増

進に資するものは、所轄庁の認定を受けることができるとされ（NPO法44条1項）、この所轄庁の認定を受けたNPO法人は、認定NPO法人と称するとされています（NPO法2条3項）。また、NPO法人であって新たに設立されたもののうち、その運営組織及び事業活動が適正であって特定非営利活動の健全な発展の基盤を有し公益の増進に資すると見込まれるものは、所轄庁の特例認定を受けることができるとされ（NPO法58条1項）、この特例認定を受けたNPO法人は、特例NPO法人と称するとされています（NPO法2条4項）。

　ところで、NPO法人については、その名称中に「特定非営利活動法人」という文字を用いることが義務付けられていませんが、認定又は特例認定を受けた特定非営利活動法人がその名称中に「認定特定非営利活動法人」又は「特例認定特定非営利活動法人」という文字を用いることは、可能であるとされています（平成24.2.3民商第298号民事局商事課長依命通知）。この場合には、定款の変更の手続を要することになり（NPO法11条1項2号、25条1項・2項）、所轄庁の認証を受けなければ、その効力を生じないとされています（NPO法25条3項）。

　そこで、定款を変更して、名称中に「認定特定非営利活動法人」又は「特例認定特定非営利活動法人」という文字を用いることとした場合には、それぞれ名称の変更の登記をしなければなりません。

2　登記手続

(1)　登記期間

　名称に変更が生じた場合には、定款の変更に係る所轄庁の認証書が到達した日（組合等登記令24条）から2週間以内に、その主たる事務所の所在地において、変更の登記をしなければなりません（同令3条1項）。また、名称の変更については、変更を生じた日から3週間以内に従たる事務所においても変更の登記をしなければなりません（同令11条3項）。

(2)　添付書類

　名称の変更の登記の申請書には、次の書面を添付しなければならないとされています（前掲商事課長依命通知）。

①　名称の変更に係る定款の変更を決議した社員総会議事録

②　定款（各種法人等登記規則5条、商業登記規則61条1項）

③　定款の変更に係る所轄庁の認証書（組合等登記令 25 条、商業登記
　法 19 条）

　なお、NPO 法 44 条 1 項又は 58 条 1 項の認定又は特例認定を受け
たことを証する書面認定又は仮認定の通知（NPO 法 49 条 1 項、62 条
において準用する 49 条 1 項）を添付することは要しないとされていま
す（前掲商事課長依命通知）。登記申請書等書式については、NPO 法
人の名称の変更登記（Q19）を参照願います。

第8章　NPO法人の合併

1　合併の手続

NPO法人の合併手続について教えてください。

1　合併手続の概要

　特定非営利活動法人（NPO法人）は、他の特定非営利活動法人（NPO法人）と合併することができます（NPO法33条）。

　合併には、吸収合併と新設合併があります。吸収合併とは、法人が他の法人とする合併であって、合併により消滅する法人の権利義務の全部を合併後存続する法人に承継させるものをいいます。また、新設合併とは、2以上の法人がする合併であって、合併により消滅する法人の権利義務の全部を合併により設立する法人に承継させるものをいいます（NPO法38条）。

　NPO法人が合併するには、合併契約を締結し、社員総会の議決を経て（NPO法34条1項）、所轄庁の認証を受けなければその効力を生じないとされています（NPO法34条1項）。

　NPO法人は、所轄庁の認証があったときは、その認証の通知のあった日から2週間以内に、貸借対照表及び財産目録を作成し（NPO法35条1項）、その期間内に、債権者に対し、合併に異議があれば2か月を下らない一定の期間内に述べるべきことを公告し、かつ、判明している債権者に対しては、各別にこれを催告する等の債権者保護手続を執らなければならないとされています。また、作成された貸借対照表及び財産目録は、債権者が異議を述べることができる期間が満了するまでの間、事務所に備え置かなければならないとされています（NPO法35条）。

　NPO法人は、合併の認証その他合併に必要な手続が終了した日から2週間以内に、その主たる事務所の所在地において、合併により消滅するNPO法人については解散の登記、合併後存続するNPO法人については変更の登記、合併により設立したNPO法人については、設立の登

記をしなければならないとされています（組合等登記令8条）。合併の効力は、合併後存続するNPO法人又は合併によって設立するNPO法人の主たる事務所において登記することによって生じます（NPO法39条1項）。

2　合併契約の締結

　合併は、合併当事法人の契約なので、合併当事法人間で合併契約を締結しなければなりません。合併契約書の記載事項は法定されていませんが、合併に関する基本的事項を定めておかなければなりません。吸収合併契約においては、吸収合併後存続するNPO法人及び吸収合併により消滅するNPO法人の名称及び住所等を定めなければなりませんし、新設合併契約においては、当事法人の名称及び住所、新設合併設立法人の目的、名称及び主たる事務所の所在地、その他新設合併設立法人の定款で定める事項及び設立に際して理事となる者の氏名等を定めることになります。

　なお、合併によりNPO法人を設立する場合においては、定款の作成その他NPO法人の設立に関する事務は、それぞれのNPO法人において選任された者が共同して行わなければならないとされています（NPO法37条）。

3　社員総会の議決

　NPO法人が合併するには、各当事法人の社員総会の議決によって、合併契約の承認を受けなければならないとされています（NPO法34条1項）。この議決は、定款に別段の定めがある場合を除き、社員総数の4分の3以上の多数をもってしなければならないとされています（同条2項）。

4　所轄庁の認証

　合併は、所轄庁の認証を受けなければ、その効力を生じないとされていますので（NPO法34条3項）、所轄庁に対し、合併の認証の申請をする必要がありますが、この場合には、合併承認の議決をした社員総会の議事録の謄本を添付した申請書を、所轄庁に提出しなければならないとされています（NPO法34条4項）。

　また、NPO法10条（設立の認証）及び12条（認証の基準等）の規定は、所轄庁の合併の認証について準用されています（NPO法34条5項）

ので、新設合併の認証申請の際には、申請書に、合併の議決をした社員総会の議事録の謄本のほか、次に掲げる書類を添付しなければならないことになります。

① 定款

② 役員名簿（役員の氏名及び住所又は居所並びに各役員についての報酬の有無を記載した名簿）

③ 各役員が NPO 法 20 条各号に該当しないこと及び 21 条の規定に違反しないことを誓約した誓約書の謄本及び役員の就任承諾書の謄本

④ 各役員の住所又は居所を証する書面として都道府県又は指定都市の条例で定めるもの

⑤ 社員のうち 10 人以上の者の氏名（法人にあっては、その名称及び代表者の氏名）及び住所又は居所を記載した書面

⑥ NPO 法 2 条 2 項 2 号（宗教活動や政治活動を主たる目的とするものでないこと。特定の公職者（候補者を含む）又は政党を推薦、支持、反対することを目的とするものでないこと）及び同法 12 条 1 項 3 号（暴力団でないこと、暴力団又は暴力団の構成員等の統制の下にある団体でないこと）に該当することを確認したことを示す書面

⑦ 合併趣旨書

⑧ 合併当初の事業年度及び翌事業年度の事業計画書

⑨ 合併当初の事業年度及び翌事業年度の活動予算書

5　貸借対照表及び財産目録の作成・備置き

NPO 法人は、合併について所轄庁の認証があったときは、その認証の通知のあった日から 2 週間以内に、貸借対照表及び財産目録を作成（合併後存続する NPO 法人及び合併によって消滅する各 NPO 法人。新設合併の場合にあっては、合併によって消滅する各 NPO 法人が作成）し（NPO 法 35 条 1 項）、NPO 法 35 条 2 項の規定により債権者が異議を述べることができる期間が満了するまでの間、これを、それぞれの NPO 法人の事務所に備え置かなければならないとされています（同項）。

6　債権者保護手続

NPO 法人は、合併に関する所轄庁の認証があったときは、所轄庁からの認証した旨の通知のあった日から 2 週間以内に、その債権者に対

し、合併に異議があれば2か月を下回らない一定の期間内にこれを述べるべきことを公告し、かつ、判明している債権者に対しては、各別にこれを催告しなければならないとされています（NPO法35条2項）。

債権者が異議を述べることができる期間内に異議を述べなかったときは、合併を承認したものとみなされますが（NPO法36条1項）、債権者が異議を述べたときは、NPO法人は、当該債権者に弁済し、若しくは相当の担保を供し、又は当該債権者に弁済を受けさせることを目的として信託会社若しくは信託業務を営む金融機関に相当の財産を信託しなければならないとされています（同条2項）。ただし、合併をしてもその債権者を害するおそれがないときは、その限りではないとされています（同項ただし書）。

7　合併による登記

NPO法人は、所轄庁による合併の認証その他合併に必要な手続が終了した日から2週間以内に、その主たる事務所の所在地において、合併により消滅するNPO法人については解散の登記をし、合併後存続するNPO法人については変更の登記をし、合併により設立するNPO法人については設立の登記をしなければならないとされています（組合等登記令8条）。

NPO法人の合併は、合併後存続するNPO法人又は合併によって設立するNPO法人の主たる事務所の所在地において合併の登記をすることによってその効力を生ずるとされています（NPO法39条）。

なお、合併の認証を受けたNPO法人が合併の認証があった日から6か月を経過しても合併の登記をしないときは、所轄庁は、合併の認証を取り消すことができるとされています（NPO法39条2項、13条3項）。

8　合併登記完了の届出

NPO法人は、合併の登記をしたときは、遅滞なく、当該登記をしたことを証する登記事項証明書及び財産目録を添付して、その旨を所轄庁に届け出なければならないとされています（NPO法39条2項、13条2項）。

2　吸収合併の登記手続

吸収合併の登記手続について教えてください。

1　合併後存続する法人についてする変更登記

(1)　登記期間等

　　NPO 法人が吸収合併したときは、吸収合併の認証その他債権者保護手続等の合併に必要な手続が終了した日から 2 週間以内に、その主たる事務所の所在地において、合併により消滅する NPO 法人については解散の登記をし、合併後存続する NPO 法人については変更の登記をしなければなりません（組合等登記令 8 条）。なお、これらの登記は、いずれも存続法人の代表者が、申請することになります（組合等登記令 25 条、商業登記法 82 条 1 項）。

　　登記の申請は、存続法人の主たる事務所の所在地を管轄する登記所に対し、存続法人についての変更登記の申請書と消滅法人についての解散登記の申請書を同時に提出しなければならないとされています（組合等登記令 25 条、商業登記法 82 条 3 項）。存続法人の主たる事務所の所在地を管轄する登記所においては、吸収合併による変更の登記をしたときは、その登記の日を消滅法人の解散の登記の申請書に記載し、これを消滅法人の主たる事務所の所在地を管轄する登記所に送付しなければならないとされています（組合等登記令 25 条、商業登記法 83 条 2 項）。

(2)　登記すべき事項

　　登記すべき事項は、合併をした旨並びに吸収合併により消滅する法人の名称及び主たる事務所を登記しなければなりません（組合等登記令 25 条、商業登記法 79 条）。

(3)　添付書類

　　主たる事務所の所在地における吸収合併後存続する法人の変更登記の申請書には、次の書面を添付しなければならないとされています。

①　合併承認の決議に関する社員総会議事録（組合等登記令 17 条 1 項）

　　吸収合併後存続する NPO 法人及び吸収合併により消滅する

NPO法人の社員総会議事録を添付します。

② 合併契約書（組合等登記令17条1項）

合併契約書は、社員総会議事録の附属書類として添付されている場合には、添付することを要しません。

③ 債権者保護手続に関する書面

債権者保護手続を行ったことを証する書面として、公告及び催告をしたこと並びに異議を述べた債権者に対し弁済若しくは担保を供し若しくは信託したこと又は合併をしても当該債権者を害するおそれがないことを証する書面を添付します（組合等登記令20条2項）。

債権者保護手続は、吸収合併後存続するNPO法人のみならず、吸収合併により消滅するNPO法人においても行わなければなりませんので、各NPO法人が行った債権者保護手続の書面を添付します。

④ 吸収合併により消滅するNPO法人の登記事項証明書（組合等登記令20条1項）

⑤ 所轄庁の合併の認証書（組合等登記令25条、商業登記法19条）

⑥ 委任状（組合等登記令25条、商業登記法18条）

代理人によって登記申請をする場合に添付します。

2 消滅する法人についてする解散の登記

消滅する法人の主たる事務所の所在地における解散の登記の申請は、存続する法人の主たる事務所所在地を経由してしなければならないとされており、存続する法人についての変更の登記の申請とは、同時にしなければならないとされています（組合等登記令25条、商業登記法82条）。

合併による解散の登記の申請は、存続する法人を代表すべき者が当該消滅する法人を代表して申請することとされています（組合等登記令25条、商業登記法82条1項）。

(1) 登記すべき事項

合併による解散の登記において登記すべき事項は、解散の旨、その事由及び年月日です（組合等登記令25条、商業登記法71条1項）。

(2) 添付書類

消滅する法人の解散の登記の申請には、添付書面は要しないとされています（組合等登記令25条、商業登記法82条4項）。

申請書書式

（吸収合併による存続する法人の変更登記）

特定非営利活動法人合併による変更登記申請

1　会 社 法 人 番 号　○○○○－○○－○○○○○○（注 1）
　　フリガナ　　　　　　ヒマワリカイ（注 2）
1　名　　　　　　称　　特定非営利活動法人向日葵会
1　主 た る 事 務 所　東京都府中市府中一丁目 1 番 1 号
1　登 記 の 事 由　　吸収合併による変更
1　登 記 す べ き 事 項　令和○年○月○日
　　　　　　　　　　　　東京都八王子市八王子一丁目 1 番 1 号（注 3）
　　　　　　　　　　　　特定非営利活動法人太陽の家を合併
1　認証書到達の年月日　令和○年○月○日
1　添 　 付 　 書 　 類　社員総会議事録　　　　　　　　○通（注 4）
　　　　　　　　　　　　（合併契約書は、社員総会議事録の附属書類）
　　　　　　　　　　　　公告及び催告をしたことを証する書面
　　　　　　　　　　　　　　　　　　　　　　　　　○通（注 5）
　　　　　　　　　　　　異議を述べた債権者に対し、弁済若しくは担保
　　　　　　　　　　　　を供し、若しくは信託したこと又は合併をしても
　　　　　　　　　　　　その者を害するおそれがないことを証する書面
　　　　　　　　　　　　　　　　　　　　　　　　　○通（注 6）
　　　　　　　　　　　　消滅法人の登記事項証明書　　1 通（注 7）
　　　　　　　　　　　　所轄庁の合併認証書　　　　　1 通
　　　　　　　　　　　　委任状　　　　　　　　　　　1 通（注 8）

　　　上記のとおり登記の申請をします。
　　　　　令和○年○月○日

　　　　　　　　　　　　東京都府中市府中一丁目 1 番 1 号
　　　　　　　　　　　　申 　 請 　 人　　特定非営利活動法人向日葵会
　　　　　　　　　　　　東京都墨田区墨田一丁目 1 番 1 号
　　　　　　　　　　　　理 　 　 　 事　　丙 　 村 　 五 　 郎　㊞（注 9）
　　　　　　　　　　　　東京都豊島区池袋一丁目 1 番 1 号
　　　　　　　　　　　　上記代理人　　乙 　 川 　 一 　 郎　㊞（注 10）
　　　　　　　　　　　　連絡先の電話番号

　　東京法務局　府中支局　御中

（注1）会社法人等番号が分かる場合に記載します。

（注2）名称のフリガナは、法人の種類を表す（特定非営利活動法人）部分を除いて、片仮名で、左に詰めて記載します。

（注3）登記すべき事項を CD-R（又は DVD-R）に記録し、登記所に提出することもできますし、CD-R に代えて、オンラインにより提出することもできます。

なお、合併手続終了の日として、合併に必要な手続の全部の終了の日を記載します。

（注4）存続する法人及び消滅する法人の合併契約承認の社員総会議事録です。

（注5）存続する法人及び消滅する法人において債権者保護手続を行ったことを証する書面です。

（注6）債権者の異議申立書並びに弁済金受領証書、担保提供証明書若しくは信託証書又は合併をしてもその者を害するおそれがないことを証する書面を添付します。

また、異議を述べた債権者がないときは、申請書に「異議を述べた債権者はない。」と記載します。

（注7）消滅する NPO 法人の登記事項証明書を添付しますが、消滅 NPO 法人の会社法人等番号を登記申請書に記載した場合は、登記事項証明書を添付する必要はありません（組合等登記令25条、商業登記法19条の3、各種法人等登記規則5条、商業登記規則36条の3）。

（注8）代理人に登記申請を委任した場合に添付します。

（注9）理事の印鑑は、理事が登記所に提出した印鑑を押印します。

（注10）代理人が登記申請する場合に記載し、代理人の印鑑を押印します。理事の印鑑は、委任状に押印しているので、申請書には押印の必要はありません。

（吸収合併契約書）

合併契約書

　特定非営利活動法人向日葵会（以下「甲」という。）と特定非営利活動法人太陽の家（以下「乙」という。）とは、両法人の合併に関して次の契約を締結する。

第1条　甲は、乙を合併して乙は解散する。

第2条　甲は、合併により資産の総額〇円を増加する。

第3条　甲は、乙の令和〇年〇月〇日現在の貸借対照表及び財産目録を基礎とし、以後合併期日までの間における収入支出を加除し、合併期日における乙の権利義務一切を承継する。

第4条　合併期日は令和〇年〇月〇日とする。ただし、同日までに合併に必要な手続を行うことが困難な場合においては、甲乙間の協議によってこれを延長することができる。

第5条　甲乙は本契約締結後その所有に係る一切の財産を善良なる管理者の注意をもって管理し、新たな義務等の負担その他重要なる取引については、あらかじめ、相手方の承認を受けるものとする。

第6条　合併後乙の解散に要する費用は甲において負担する。

第7条　本契約に定める事項以外の事項についても必要が生じたときは、合併条件に反しない限り甲乙間において協議の上執行する。

第8条　甲及び乙は、本契約の承認並びに実行に関して必要な議決を経るため令和〇年〇月〇日を期し、社員総会を招集するものとする。

2　前項の議決があったときは、本契約書をもって正式契約書とする。

第9条　本契約締結の日から合併成立までの間に、天災地変その他の事由により甲又は乙の財産に重大な変化を来したときは、甲又は乙は本契約を解除することができる。

第10条　本契約は、甲乙において第8条に定めるところによる承認決議を経た後、所轄庁の合併認証の日から効力を生ずるものとする。

第11条　合併の際における乙の職員は、甲が雇用し、乙での勤務年数を通算するものとする。

　上記契約を証するため本書2通を作成し、甲乙各自署名捺印の上、各1通を保有する。

　令和〇年〇月〇日

東京都府中市府中一丁目１番１号
（甲）特定非営利活動法人向日葵会
　　理事　　丙　村　五　郎　㊞
東京都八王子市八王子一丁目１番１号
（乙）特定非営利活動法人太陽の家
　　理事　　戊　海　照　男　㊞

（注） 登記申請書が複数頁になる場合は、各頁の綴り目に登記申請書を押印した
印鑑（理事が登記所に提出した印鑑又は代理人の印鑑）と同一の印鑑で契印
します。

（吸収合併存続法人の社員総会議事録）

社員総会議事録

1　開　催　日　時　　令和○年○月○日午前 10 時
1　開　催　場　所　　当法人事務所（東京都府中市府中一丁目 1 番 1 号）
1　総　社　員　数　　○名
1　出席した社員数　　○名
審議事項　合併契約書の承認について
1　議長選任の経過
　　定刻に至り、司会者○○○○は開会を宣言し、本日の社員総会は定款所定数を満たしたので有効に成立した旨を告げ、議長の選任方法を諮ったところ、満場一致をもって○○○○が議長に選任された。続いて議長から挨拶の後、議案の審議に入った。
1　議事の経過の要領及び議決の結果

　第 1 号議案　合併契約書承認の件

　　　議長は、当法人と特定非営利活動法人太陽の家との合併につき、令和○年○月○日付けをもって両法人間において締結した別紙合併契約書の承認を求めたところ、満場一致をもってこれを承認可決した。
1　議事録署名人の選任に関する事項
　　議長から、次の者を議事録署名人に選任したい旨を述べ、これを議場に諮ったところ、満場一致をもって次の者が議事録署名人に選任された。
　　　　　　議事録署名人　　○○○○
　　　　　　同　　　　　　　○○○○

　以上をもって社員総会の議案全部の審議を終了したので、議長は閉会を宣言し、午前 11 時 30 分散会した。

　上記の議決を明確にするため、議長及び議事録署名人において、次に記名押印する。

　　　令和○年○月○日

　　　　　　　　　　　　特定非営利活動法人向日葵会
　　　　　　　　　　　　社員総会において
　　　　　　　　　　　　議長　　　　　　○○○○　㊞
　　　　　　　　　　　　議事録署名人　　○○○○　㊞
　　　　　　　　　　　　同　　　　　　　○○○○　㊞

（注）議事録が複数頁になる場合は、議事録署名人の1名が各頁の綴り目に契印
　　　します。

（合併公告）

特定非営利活動法人合併公告

　　令和○年○月○日開催の社員総会において、特定非営利活動法人向日葵
会（甲）と特定非営利活動法人太陽の家（乙）は合併して、甲は乙の権利
義務全部を承継して存続し、乙は解散することを決議しました。

　　この合併に対し異議のある債権者は、本公告掲載の翌日から2か月以内
にお申し出ください。

　　　　令和○年○月○日

　　　　　　　　　　　　　東京都府中市府中一丁目1番1号
　　　　　　　　　　　　　（甲）特定非営利活動向日葵会
　　　　　　　　　　　　　東京都八王子市八王子一丁目1番1号
　　　　　　　　　　　　　（乙）特定非営利活動法人太陽の家

（知れたる債権者に対して合併に関する催告をしたことを証する書面）

催　告　書

　今般当法人は、令和○年○月○日開催の社員総会において、東京都八王子市八王子一丁目1番1号特定非営利活動法人太陽の家を合併してその権利義務一切を承継し、特定非営利活動法人太陽の家は解散することを決議しました。この合併に対し御異議がございましたら、令和○年○月○日までにその旨をお申出くだされたく、催告します。

　おって、御異議のない場合には、御手数ながら別紙承諾書に御捺印の上御返送くだされたく存じます。

　　　　令和○年○月○日

　　　　　　　　　　　　　　　東京都府中市府中一丁目1番1号
　　　　　　　　　　　　　　　特定非営利活動法人向日葵会
　　　　　　　　　　　　　　　　理事　　丙　村　五　郎　㊞

　　○県○市○町○番○号
　　　　○○○○　殿

（合併異議申述書の例）

合併異議申述書

　　拝復、貴法人におかれては、去る○月○日の社員総会の決議に基づき、特定非営利活動法人太陽の家を合併せられるとして、過日異議申出の御催告を受けましたが、私は、上記合併に異議がありますので、上記異議を申し述べます。

　　　　　　令和○年○月○日

　　　　　　　　　　　　　　　　　　　　　○県○市○町○番○号
　　　　　　　　　　　　　　　　　　　　　債権者　　○○○○　　㊞

　　　　　特定非営利活動法人向日葵会
　　　　　　　理事　　丙村五郎　　殿

（弁済金受領証書の例）

弁済金受領証書

一金○円也　　　　　　ただし、○○の売掛代金
　　貴法人と特定非営利活動法人太陽の家の合併につき○月○日異議あることを申し出ましたところ、本日上記金額の弁済を受け、正に受領しました。

　　　　　　　　　　　　　　　　　　　　　○県○市○町○番○号
　　　　　　　　　　　　　　　　　　　　　○○○○　　㊞

　　　　　特定非営利活動法人向日葵会
　　　　　　　理事　　丙村五郎　　殿

（委任状の例）

委　任　状

東京都豊島区池袋一丁目 1 番 1 号

乙　川　一　郎

　私は、上記の者を代理人に定め、次の権限を委任する。

1　当法人は、令和○年○月○日特定非営利活動法人太陽の家を合併したので、その変更登記の申請をする一切の件
1　原本還付の請求及び受領の件

東京都府中市府中一丁目 1 番 1 号

特定非営利活動法人向日葵会

理事　　丙　村　五　郎　㊞

（注） 理事の印鑑は、理事が登記所に提出している印鑑を押印します。

新設合併の登記手続について教えてください。

1　登記期間等

　NPO 法人が新設合併をするときは、新設合併の認証その他債権者保護手続等の必要な手続が終了した日から 2 週間以内に、その主たる事務所の所在地において、合併により設立する NPO 法人（以下「新設合併設立 NPO 法人」という。）については設立の登記をし、合併により消滅する NPO 法人（以下「新設合併消滅 NPO 法人」という。）については解散の登記をします（組合等登記令 8 条 1 項）。

　また、新設合併設立 NPO 法人が新設合併に際して従たる事務所を設けた場合は、従たる事務所の所在地において、新設合併の認証その他合併に必要な手続が終了した日から 3 週間以内に、①名称、②主たる事務所の所在場所、③従たる事務所の所在場所の登記をしなければなりません（組合等登記令 11 条 1 項 2 号・2 項）。

　新設合併の場合には、新設合併設立 NPO 法人の代表者が、新設合併設立 NPO 法人の主たる事務所の所在地を管轄する登記所に対し、合併による設立の登記申請書と各消滅 NPO 法人についての解散の登記申請書を同時に提出する必要があります（組合等登記令 16 条、25 条、商業登記法 82 条 1 項）。

2　登記すべき事項

　登記すべき事項は、次のとおりです。

① 　通常の設立の登記事項と同一の事項

② 　合併をした旨並びに新設合併消滅 NPO 法人の名称及び主たる事務所（組合等登記令 25 条、商業登記法 79 条、組合等登記令 2 条 2 項）。

3　添付書類

　次の書面を添付しなければなりません。

① 　新設合併設立 NPO 法人の定款（組合等登記令 21 条、16 条 2 項）
　新設合併するそれぞれの NPO 法人によって選任された設立委員が共同して作成したものです。

② 合併承認の決議に関する各新設合併消滅 NPO 法人の社員総会の議事録（組合等登記令 17 条 1 項）

③ 合併契約書

④ 債権者保護手続に関する書面（組合等登記令 21 条、20 条 2 項）

　i 債権者に対して公告及び催告をしたことを証する書面（組合等登記令 20 条 2 項）

　ii 異議を述べた債権者があるときは、当該債権者に対し弁済し、若しくは相当の担保を提供し、若しくは当該債権者に弁済を受けさせることを目的として相当の財産を信託したことを証する書面又は当該合併をしても当該債権者を害するおそれがないことを証する書面（同項）

　　なお、債権者保護手続は、全ての新設合併消滅 NPO 法人において行わなければならないので、各 NPO 法人が行った債権者保護手続の書面を添付します。

⑤ 法人を代表すべき者の資格を証する書面（組合等登記令 16 条 2 項）

　　代表者が選任機関により選任されたことを証する書面及びその者が就任を承諾したことを証する書面を添付します。

　　NPO 法人の設立当初の役員は、定款で定めなければならないとされています（NPO 法 11 条 2 項）ので、当該定款の定めに、代表権を有する理事が理事長として定められている場合には、当該定款が特定の理事が代表権を有する理事に選定されたことを証する書面となります。ちなみに、定款の定めに基づき、理事の互選により代表権を有する理事を選定した場合には理事の互選を証する書面が、また、理事会の決議により代表権を有する理事を選定した場合には、理事会の議事録が、代表権を有する理事に選定されたことを証する書面に該当することになります。

　　また、代表権を有する者の資格を証する書面として、代表権を有する者の就任を承諾したことを証する書面を添付します。

⑥ 新設合併消滅 NPO 法人の登記事項証明書（組合等登記令 20 条 1 項）

　　作成後 3 か月以内のものを添付します（各種法人等登記規則 5 条、商業登記規則 36 条の 2）。なお、新設合併消滅 NPO 法人の会社法人等番号を登記申請書に記載した場合は、登記事項証明書を添付する必要は

ありません（組合等登記令25条、商業登記法19条の3）。

⑦　所轄庁の認証書（組合等登記令25条、商業登記法19条）

⑧　委任状（組合等登記令25条、商業登記法18条）

4　新設合併消滅NPO法人についてする解散の登記

　新設合併においては、新設合併設立NPO法人の設立の登記と新設合併消滅NPO法人の解散の登記とを同時にする必要があります（組合等登記令25条、商業登記法82条1項・3項）。

　合併による解散の登記の申請については、新設合併設立NPO法人を代表すべき者が新設合併消滅NPO法人を代表してすることとされています（組合等登記令25条、商業登記法82条1項）。

　なお、新設合併消滅NPO法人の解散の登記の申請については、何ら添付書面は要しないとされています（組合等登記令25条、商業登記法82条4項）。

申請書書式

（新設合併の登記）

特定非営利活動法人合併による設立登記申請書

フリガナ	ヒマワリタイヨウカイ（注1）		
1　名　　　　　称	特定非営利活動法人向日葵太陽会		
1　主 た る 事 務 所	東京都千代田区大手町一丁目1番1号		
1　登 記 の 事 由	令和○年○月○日新設合併の手続終了（注2）		
1　登 記 す べ き 事 項	別紙のとおりの内容をオンラインにより提出済み		
			（注3）
1　認証書到達の年月日	令和○年○月○日		
1　添 付 書 類	定款	1通	
	合併契約書	○通	
	合併認証書	1通	
	社員総会議事録	2通	
	代表権を有する者の資格を		
	証する書面	○通	（注4）
	公告及び催告をしたことを		
	証する書面	○通	
	異議を述べた債権者に対し		
	弁済若しくは担保を供し若		
	しくは信託したことを証す		
	る書面	○通	
	合併をしても債権者を害す		
	るおそれがないことを証す		
	る書面	○通	
	消滅法人の登記事項証明書	1通	
	委任状	1通	（注5）

　上記のとおり登記の申請をします。
　　令和○年○月○日

　　　　　　　　　　東京都千代田区大手町一丁目1番1号
　　　　　　　　　　申 　請 　人 　　特定非営利活動法人向日葵太陽会
　　　　　　　　　　東京都府中市府中三丁目3番3号
　　　　　　　　　　理　　　　事　　丁　池　太　郎　㊞（注6）

東京都豊島区池袋一丁目1番1号
上記代理人　　乙　川　一　郎　㊞（注7）
連絡先の電話番号

東京法務局　御中

（注1）名称のフリガナは、法人の種類を表す部分（特定非営利活動法人）を除いて、片仮名で、左に詰めて記載します。

（注2）合併に必要な手続を全て終了した日を記載します。

（注3）登記すべき事項をCD-R（又はDVD-R）に記録し、登記所に提出することもできますし、CD-Rに代えて、オンラインにより提出することもできます。

（注4）設立当初の役員は、定款で定めなければならないとされていますので、定款をもって、代表権を有する理事のみが法人を代表することとしている場合における理事の登記に関する設立の登記の申請書に添付すべき「代表すべき者の資格を証する書面」には、定款及び代表権を有する理事に選定された理事についての理事に就任することについての就任承諾書を添付します。

　　　また、定款の定めに基づき、理事の互選により代表権を有する理事を選定した場合には、理事の互選を証する書面及び代表権を有する理事に就任することについての就任承諾書が法人を代表すべき者の資格を証する書面に該当します。

（注5）代理人に登記申請を委任した場合に添付します。

（注6）理事の印鑑は、理事が登記所に提出した印鑑を押印します。

（注7）代理人が申請する場合に記載し、代理人の印鑑を押印します。この場合には、理事の押印は必要ありません。

（登記すべき事項をオンラインにより提供する場合の別紙の例）

「名称」特定非営利活動法人向日葵太陽会
「主たる事務所」東京都千代田区大手町一丁目1番1号
「目的等」
目的及び事業
　この法人は、○○に対して、○○に関する事業を行い、○○に寄与することを目的とする。
　この法人は、上記の目的を達成するため、次に掲げる種類の特定非営利活動を行う。
1　○○活動
2　○○活動
　この法人は、上記の目的を達成するため、次の事業を行う。
1　特定非営利活動に係る事業
　⑴　○○事業
　⑵　○○事業
2　その他の事業
　⑴　○○事業
　⑵　○○事業
「役員に関する事項」
「資格」理事
「住所」東京都府中市府中三丁目3番3号
「氏名」丁池太郎
「登記記録に関する事項」東京都府中市府中一丁目1番1号特定非営利活動法人向日葵会と東京都八王子市八王子一丁目1番1号特定非営利活動法人太陽の家の合併により設立

（新設合併契約書）

合併契約書

　特定非営利活動法人向日葵会を甲とし、特定非営利活動法人太陽の家を乙とし甲乙間において次のように合併契約をする。

第1条　甲乙は合併して新法人を設立し、甲乙両法人は解散する。

第2条　合併により設立すべき新法人の名称、主たる事務所、目的、役員に関する事項等は次のとおりとする。

　1　名称　特定非営利活動法人向日葵太陽会

　1　主たる事務所　東京都千代田区大手町一丁目1番1号

　1　目的　○○

　1　役員に関する事項　○○

　1　定款の変更に関する事項　○○

　1　公告の方法　○○

第3条　新法人の資産の額は○円とする。

第4条　新法人は、甲乙の令和○年○月○日現在の貸借対照表及び財産目録を基礎とし、以後合併期日までの間における収入支出を加除し、合併期日における甲乙の権利義務一切を承継する。

第5条　合併期日は令和○年○月○日とする。ただし、同日までに合併に必要な手続を行うことが困難な場合においては、甲乙においてさらに協定するものとする。

第6条　甲及び乙は本契約締結後、効力発生日前日に至るまで、善良なる管理者の注意をもって各業務を執行し、かつ、一切の財産の管理を行う。

第7条　本契約に規定のない事項について又は本契約書の解釈に疑義が生じた事項については、甲及び乙が誠意をもって協議の上解決する。

第8条　甲及び乙は、本契約の承認並びに設立委員の選任等合併に関して必要な議決を経るため、令和○年○月○日を期し、社員総会を招集するものとする。

第9条　本契約締結の日から合併成立までの間において、天災地変その他の理由により、甲若しくは乙の資産状態に重大な変更が生じた場合又は隠れたる重大な瑕疵が発見された場合には、甲及び乙が協議の上、本契約を変更し又は解除することができる。

第10条　本契約は、甲乙各々の社員総会の承認決議を経た後、所轄庁の合併認証の日から効力を生ずるものとする。

　本契約の締結を証するため本書2通を作成し、甲乙各1通を保有する。

令和○年○月○日

　　　　　　東京都府中市府中一丁目 1 番 1 号
　　　　　（甲）特定非営利活動法人向日葵会
　　　　　　　　理事　　丙　村　五　郎　㊞
　　　　　　東京都八王子市八王子一丁目 1 番 1 号
　　　　　（乙）特定非営利活動法人太陽の家
　　　　　　　　理事　　戊　海　照　男　㊞

（社員総会議事録）

社員総会議事録

1　開　催　日　時　　令和○年○月○日午前 10 時
1　開　催　場　所　　当法人事務所（東京都府中市府中一丁目 1 番 1 号）
1　社　員　総　数　　○名
1　出席した社員数　　○名
　　審議事項　新設合併契約書の承認について
1　議長選任の経過
　　　定刻に至り、司会者○○○○は開会を宣言し、本日の社員総会は定款所定数を満たしたので有効に成立した旨を告げ、議長の選任方法を諮ったところ、満場一致をもって○○○○が議長に選任された。続いて議長から挨拶の後、議案の審議に入った。
1　議事の経過の要領及び議決の結果

第 1 号議案　合併契約書承認の件

　　　議長は、当法人と東京都八王子市八王子一丁目 1 番 1 号特定非営利活動法人太陽の家とを合併して新たに特定非営利活動法人向日葵太陽会を設立するため、令和○年○月○日付けをもって作成した別紙合併契約書につき、詳細に説明をした後、その承認を求めたところ、満場一致をもってこれを承認可決した。

第 2 号議案　設立委員選任の件

　　　議長は、特定非営利活動法人太陽の家との合併に必要な定款の作成その他特定非営利活動法人向日葵太陽会の設立に関する事務をするため、設立委員 2 名を選任したい旨を述べ、その選任方法を議場に諮ったところ、議長の指名によることを決定し、議長指名の結果、設立委員○○○○、同○○○○が選任され、同人らはそれぞれ就任を承諾した。

1　議事録署名人選任の件
　　議長は、本社員総会の議事録署名人の選任を議場に諮ったところ、議長の指名によることを決定し、議長は次の者を議事録署名人に指名したところ、満場異議なくこれを承認した。
　　　　　　議事録署名人　　○○○○
　　　　　　同　　　　　　　○○○○

　　以上をもって社員総会の議事全部の審議を終了したので、議長は閉会を宣言し、午前 11 時 30 分散会した。

　　上記の議決を明確にするため、議長及び議事録署名人において、次に記名押印する。

　　　　　　令和〇年〇月〇日

　　　　　　　　　　　　　　　特定非営利活動法人向日葵会
　　　　　　　　　　　　　　　社員総会において
　　　　　　　　　　　　　　　議長　　　　　〇〇〇〇　㊞
　　　　　　　　　　　　　　　議事録署名人　〇〇〇〇　㊞
　　　　　　　　　　　　　　　同　　　　　　〇〇〇〇　㊞

(注) 議事録が複数頁になる場合は、議事録署名人の 1 人が各頁の綴り目に契印します。

(合併公告)

特定非営利活動法人合併公告

　　令和〇年〇月〇日開催の社員総会において特定非営利活動法人向日葵会（甲）と特定非営利活動法人太陽の家（乙）を合併し、新たに特定非営利活動法人向日葵太陽会を設立する旨を決議しましたので、この合併に異議のある債権者は、この公告掲載の日から 2 か月以内にその旨をお申し出ください。

　　　　　　令和〇年〇月〇日

　　　　　　　　　　　　　　　東京都府中市府中一丁目 1 番 1 号
　　　　　　　　　　　　　　　（甲）特定非営利活動法人向日葵会
　　　　　　　　　　　　　　　東京都八王子市八王子一丁目 1 番 1 号
　　　　　　　　　　　　　　　（乙）特定非営利活動法人太陽の家

（催告書　知れたる債権者に対して合併に関する催告をしたことを証する
書面）

催　告　書

　今般当法人は、令和〇年〇月〇日開催の社員総会において、東京都八王
子市八王子一丁目１番１号特定非営利活動法人太陽の家と合併し、特定非
営利活動法人向日葵太陽会を設立することを決議しましたから、この合併
に御異議がございましたら、令和〇年〇月〇日までにその旨をお申し出く
だされたく、催告します。
　おって、御異議のない節は、御手数ながら同封の承諾書に御捺印の上、
御返送くだされたく存じます。

　　　　令和〇年〇月〇日

　　　　　　　　　　　　　　　　　　　東京都府中市府中一丁目１番１号
　　　　　　　　　　　　　　　　　　　特定非営利活動法人向日葵会
　　　　　　　　　　　　　　　　　　　　理事　　丙　村　五　郎　㊞

　　　株式会社〇〇　　殿

（承諾書）

承　諾　書

　　特定非営利活動法人向日葵会
　　　　理事　　丙村五郎　殿

　令和〇年〇月〇日付をもって貴法人からの催告による特定非営利活動法
人太陽の家との合併については、当方としては別段の異議はありません。

　　　　令和〇年〇月〇日

　　　　　　　　　　　　　　　　　　　東京都〇区〇町〇丁目〇番〇号
　　　　　　　　　　　　　　　　　　　株式会社〇〇
　　　　　　　　　　　　　　　　　　　代表取締役　　〇〇〇〇　㊞

（合併異議申述書）

合併異議申述書

　拝復、貴法人におかれましては、去る○月○日の社員総会の決議に基づき、特定非営利活動法人太陽の家と合併し、特定非営利活動法人向日葵太陽会を設立せられる趣にて、過日異議申出の御催告を受けましたが、私は、上記合併について異議がありますので、上記異議を申し述べます。

　　　　令和○年○月○日

　　　　　　　　　　　　　　　東京都○区○町○丁目○番○号
　　　　　　　　　　　　　　　　債権者　　　○○○○　　㊞

　　特定非営利活動法人向日葵会　御中

（弁済金受領証書）

弁済金受領証書

一金○円也　　　ただし、○○の売掛代金
　貴法人と特定非営利活動法人太陽の家の合併につき○月○日異議のあることを申し出ましたところ、本日上記金額の弁済を受け、正に受領しました。

　　　　令和○年○月○日

　　　　　　　　　　　　　　　東京都○区○町○丁目○番○号
　　　　　　　　　　　　　　　　○○○○　　㊞
　　特定非営利活動法人向日葵会
　　　　理事　　丙　村　五　郎　殿

（委任状）

委　任　状

東京都豊島区池袋一丁目1番1号

乙　川　一　郎

　私は、上記の者を代理人に定め、下記の権限を委任する。

1　特定非営利活動法人向日葵会と特定非営利活動法人太陽の家とを合併
　して、特定非営利活動法人向日葵太陽会を設立する手続を令和○年○月
　○日終了したので、主たる事務所においてその設立の登記を申請する一
　切の件
1　原本還付の請求及び受領の件

　　令和○年○月○日

東京都千代田区大手町一丁目1番1号
特定非営利活動法人向日葵太陽会
　　理事　　丁　池　太　郎　㊞

（**注**）理事の印鑑は、理事が登記所に提出している印鑑を押印します。

206

申請書書式

（合併による解散登記申請書）

特定非営利活動法人合併による解散登記申請書

1　会 社 法 人 等 番 号　○○○○－○○－○○○○○○（注1）
　　フリガナ　　　　　　　ヒマワリカイ（注2）
1　名　　　　　　　　称　特定非営利活動法人向日葵会
1　主 た る 事 務 所　東京都府中市府中一丁目1番1号
1　登 記 の 事 由　合併による解散
1　登 記 す べ き 事 項　別紙のとおりの内容をオンラインにより提出済み
　　　　　　　　　　　　　　　　　　　　　　　　　　　（注3）

1　認証書到達の年月日　令和○年○月○日
1　添 付 書 類（注4）

　上記のとおり登記の申請をします。
　　令和○年○月○日

　　　　　　　　　　　　東京都千代田区大手町一丁目1番1号
　　　　　　　　　　　　申　請　人　　特定非営利活動法人向日葵太陽会
　　　　　　　　　　　　東京都府中市府中三丁目3番3号
　　　　　　　　　　　　理　　　事　　丁　池　太　郎　㊞（注5）
　　　　　　　　　　　　東京都豊島区池袋一丁目1番1号
　　　　　　　　　　　　上記代理人　　乙　川　一　郎　㊞（注6）
　　　　　　　　　　　　連絡先の電話番号

　　東京法務局　府中支局　御中

（注1）会社法人等番号が分かる場合に記載します。
（注2）名称のフリガナは、法人の種類を表す（特定非営利活動法人）部分を除いて、片仮名で、左に詰めて記載します。
（注3）登記すべき事項をCD-R（又はDVD-R）に記録し、登記所に提出することもできますし、CD-Rに代えて、オンラインにより提出することもできます。
（注4）主たる事務所の所在地で登記申請する場合は、何ら書面の添付を要しません。従たる事務所の所在地で申請する場合には、主たる事務所所在地で登記した登記事項証明書を添付します。ただし、申請書に当該法人の会社法人等番号を記載した場合には、登記事項証明書の添付を省略することが

できます。

(注5) 合併による解散の登記は、吸収合併後存続する特定非営利活動法人又は
新設合併により設立する特定非営利活動法人の代表者である理事を記載し
ます。理事の印鑑は、理事が登記所に提出した印鑑を押印します。

(注6) 代理人が登記申請する場合に記載し、代理人の印鑑を押印します。理事
の印鑑は、委任状に押印しているので、申請書には押印の必要はありませ
ん。

（登記すべき事項をオンラインにより提供する場合の別紙の例）

（吸収合併の場合）
「登記記録に関する事項」令和〇年〇月〇日東京都府中市府中一丁目1
番1号特定非営利活動法人向日葵会に合併し解散

（新設合併の場合）
「登記記録に関する事項」東京都八王子市八王子一丁目1番1号特定非
営利活動法人太陽の家と合併して東京都千代田区大手町一丁目1番1号特
定非営利活動法人向日葵太陽会を設立し解散

第9章　法人の解散

1　NPO法人の解散の手続

NPO法人の解散の手続について教えてください。

　NPO法人の解散の手続は、解散と清算とに分かれます。解散したNPO法人は、その清算の目的の範囲内において清算が結了に至るまで存続するものとされています（NPO法31条の4）ので、解散によって直ちに法人の法人格が消滅するものではなく、法人格の消滅のためには、清算手続が終了することが必要であるとされています。

1　解散の事由

　NPO法人は、次の事由によって解散します（NPO法31条1項）。

① 　社員総会の決議

　NPO法人は、定款に別段の定めがある場合を除き、総社員の4分の3以上の多数による社員総会での決議により解散することができます（NPO法31条の2）。

② 　定款で定めた解散事由の発生

　定款で定めた解散事由が発生したときは解散します。

③ 　目的とする特定非営利活動に係る事業の成功の不能

　NPO法人は、全て一定の目的を達成するために設立されているので、目的の事業が、諸般の事情により達成することが不可能となった場合は、存続する理由がなくなることになりますので、解散することになります。

　この場合は、所轄庁の認定を受けなければ効力を生じないとされています（NPO法31条2項）ので、NPO法人は、認定を受けようとするときは、目的とする特定非営利活動に係る事業の成功が不能である事由を証する書面を添付した申請書を所轄庁に提出しなければならないとされています（同条3項）。

④ 　社員の欠亡

⑤　合併

　　新設合併の場合は、該当する全ての NPO 法人、吸収合併の場合は吸収される NPO 法人が解散します。

⑥　破産手続開始の決定

　　NPO 法人がその債務につきその財産をもって完済することができなくなった場合には、裁判所は、理事若しくは債権者の申立てにより又は職権で、破産手続開始の決定をします（NPO 法 31 条の 3）。破産手続の開始が決定したときは、NPO 法人は解散します。

⑦　NPO 法 43 条の規定による設立認証の取消し

　　設立の認証が取り消されたときは、NPO 法人は解散します。

　　なお、清算人は、NPO 法人が、ⅰ社員総会の決議によって解散した場合、ⅱ定款で定めた解散事由の発生によって解散した場合、ⅲ社員の欠亡によって解散した場合、又はⅳ破産手続開始の決定によって解散した場合には、遅滞なくその旨を所轄庁に届け出なければならないとされています（NPO 法 31 条 4 項）。

2　清算人の選任

　　NPO 法人が解散したときは、解散後の清算を行う清算人を定めます。清算人は、破産手続開始の決定による解散の場合を除き、原則として理事が清算人となります（NPO 法 31 条の 5 本文）。ただし、定款に別段の定めがあるとき、又は社員総会において理事以外の者を清算人に選任したときは、その者が清算人となります（同条ただし書）。

　　上記によって清算人となる者がいないとき、又は清算人が欠けたため損害を生ずるおそれがあるときは、裁判所は、利害関係人若しくは検察官の請求により又は職権で、清算人を選任することができるとされています（NPO 法 31 条の 6）。

　　なお、清算中に就任した清算人は、その氏名及び住所を所轄庁に届け出なければならないとされています（NPO 法 31 条の 8）。

　　清算人の職務は、①現務の結了、②債権の取立て及び債務の弁済、③残余財産の引渡しです（NPO 法 31 条の 9）。

3　債権者に対する公告等

　　清算人は、NPO 法人が NPO 法 31 条 1 項各号に掲げる事由によって解散した後、遅滞なく、債権者に対し、一定の期間（2 か月を下ることが

できない。）内にその債権を申し出るべき旨を官報に公告し、かつ、判明している債権者には、各別にこれを催告しなければならないとされています（NPO 法 31 条の 10 第 1 項・3 項・4 項）。この公告には、当該債権者が当該期間内に申出をしないときは清算から除斥される旨を付記しなければならないとされています（同条 2 項）。

　なお、清算から除斥された債権者は、NPO 法人の債務が完済された後まだ権利の帰属すべき者に引き渡されていない財産に対してのみ弁済を請求することができるとされています（NPO 法 31 条の 11）。

4　残余財産の帰属

　解散した NPO 法人の残余財産は、合併及び破産手続開始の決定による解散の場合を除き、定款で定めた者に帰属します（NPO 法 32 条 1 項）。この残余財産の帰属すべき者については、他の NPO 法人のほか、①国又は地方公共団体、②公益社団法人又は公益財団法人、③私立学校法 3 条に規定する学校法人、④社会福祉法 22 条に規定する社会福祉法人、⑤更正保護事業法 2 条 6 項に規定する更生保護法人のうちから選定されなければならないとされています（NPO 法 11 条 3 項）。定款に残余財産の帰属すべき者に関する規定がないときは、清算人は、所轄庁の認証を得て、その財産を国又は地方公共団体に譲渡することができます（同条 2 項）。定款で定めた者に帰属しない場合及び国又は地方公共団体に譲渡されない場合には、残余財産は国庫に帰属することになります（同条 3 項）。

2　解散・清算人の登記手続

NPO 法人の解散及び清算人の登記の手続について教えてください。

　NPO 法人が解散したときは、合併及び破産手続開始の決定による解散の場合を除き、2 週間以内に、その主たる事務所の所在地において、解散の登記をしなければならないとされています（組合等登記令 7 条）。

　また、清算人が就任したときは、その就任の日から 2 週間以内に、その

主たる事務所の所在地において、清算人の就任の登記をしなければならないとされています（組合等登記令3条1項）。

　なお、清算手続は清算人が行うこととされていますので、通常は、解散の登記と最初の清算人の選任の登記とは同時に行うことになります。

1　登記すべき事項

(1)　解散の登記

　解散の登記において登記すべき事項は、解散の旨、その事由及び年月日です（組合等登記令25条、商業登記法71条1項）。

(2)　清算人の就任の登記

　清算人の就任の登記においては、清算人の氏名、住所及び資格を登記しなければならないとされています（組合等登記令3条1項）。

　なお、NPO法人が解散し、理事が清算人となった場合（NPO法31条の5）には、各清算人がNPO法人を代表することになり、当該清算人の全員を「代表権を有する者」として登記しなければならないと解されています（平成24.2.3民商第298号民事局商事課長依命通知）。

2　添付書類

(1)　解散の登記

　解散の登記の申請書には、次のような解散の事由の発生を証する書面を添付しなければならないとされています（組合等登記令19条）。

①　社員総会の決議により解散した場合には、社員総会の議事録

②　定款で定めた解散事由の発生により解散した場合は、当該解散事由の発生を証する書面

③　目的とする特定非営利活動に係る事業の成功の不能の事由によって解散した場合には、当該事業の成功の不能を証する書面及び所轄庁の認定書（又は認証がある謄本）

④　社員の欠亡により解散した場合は、社員が1人もいなくなったことを証する書面等

(2)　清算人の就任の登記

　NPO法人が解散し、理事が清算人になった場合（NPO法31条の5本文）には、各清算人がNPO法人を代表することになり、各清算人の全員を代表権を有する者として登記しなければならないことになります。この場合の清算人の登記の申請書には、解散当時に登記されて

いた理事（理事長等）である清算人については、登記事項の変更を証する書面（組合等登記令17条1項）として、清算人の就任を証する書面を添付する必要はありませんが、代表権の全部が制限され、解散当時に登記されていなかった理事については、登記事項の変更を証する書面として、その者が解散時の理事であったことを証する書面を添付しなければならないとされています（平成24.2.3民商第298号商事課長依命通知）。

　なお、上記の書面には次の書面が該当するとされています（山森航太「特定非営利活動促進法の一部を改正する法律の施行に伴う法人登記事務の取扱いについて」民事月報67巻2号27頁）。

① 　理事が各自法人を代表する場合において、当該理事が清算人になる場合には、定款を添付します。

② 　特定の理事（理事長等）のみが法人を代表する場合において、理事長以外の理事が清算人になる場合には、次の書面を添付します。

　　ⅰ 　定款所定の方法によって理事に選任されたことを証する書面

　　　　解散当時に登記されていた理事（理事長）以外の理事の選任を証する社員総会議事録（解散時の理事の選任に関するもの）が該当します。

　　ⅱ 　理事長以外の理事についての就任承諾書

　　ⅲ 　定款

③ 　社員総会において清算人に選任された場合には、社員総会議事録及び就任承諾書を添付します。

④ 　定款の規定による清算人の場合には、定款及び就任承諾書を添付します。

⑤ 　裁判所の選任に係る清算の場合には、清算人選任決定正本（又は認証がある謄本）を添付します。

(3)　印鑑の提出

　登記の申請書に押印すべき者は、あらかじめ（解散及び清算人の登記の申請と同時でも差し支えありません）登記所に印鑑を提出しなければならないとされています（組合等登記令25条、商業登記法20条）ので、法人を代表すべき者（清算人のうち1人）の印鑑について、「印鑑届書」を提出する必要があります。また、この印鑑届書には、市町村

長の作成した3か月以内の印鑑証明書を添付しなければならないとされています（各種法人等登記規則5条、商業登記規則9条）。

申請書書式
（社員総会の決議により解散し、社員総会で清算人を選任した場合）

特定非営利活動法人解散及び清算人就任登記申請書

1　会社法人等番号　　　○○○○－○○－○○○○○○（注1）
　　フリガナ　　　　　　ヒマワリタイヨウカイ（注2）
1　名　　　　称　　　　特定非営利活動法人向日葵太陽会
1　主 た る 事 務 所　　東京都千代田区大手町一丁目1番1号
1　登 記 の 事 由　　　解散及び清算人就任
1　登記すべき事項　　　別紙のとおりの内容をオンラインにより提出済み
　　　　　　　　　　　　　　　　　　　　　　　　　　　　　（注3）

1　添 付 書 類　　　　社員総会議事録　　1通（注4）
　　　　　　　　　　　　定款　　　　　　　1通
　　　　　　　　　　　　委任状　　　　　　1通（注5）

　上記のとおり登記の申請をします。
　　令和○年○月○日

　　　　　　　　　　東京都千代田区大手町一丁目1番1号
　　　　　　　　　　申　請　人　　特定非営利活動法人向日葵太陽会
　　　　　　　　　　東京都○市○町○丁目○番○号
　　　　　　　　　　清　算　人　　丙　山　太　郎　㊞（注6）
　　　　　　　　　　東京都豊島区池袋一丁目1番1号
　　　　　　　　　　上記代理人　　乙　川　一　郎　㊞（注7）
　　　　　　　　　　連絡先の電話番号

　東京法務局　　御中

（注1）会社法人等番号が分かる場合に記載します。
（注2）名称のフリガナは、法人の種類を表す（特定非営利活動法人）部分を除いて、片仮名で、左に詰めて記載します。
（注3）登記すべき事項をCD-R（又はDVD-R）に記録し、登記所に提出するこ

ともできますし、CD-R に代えて、オンラインにより提出することもできます。

(注 4)　添付書類

　　　（解散）

　　　① 　社員総会の決議により解散する場合は、社員総会議事録を添付します。

　　　② 　定款で定めた解散事由の発生により解散した場合は、当該解散事由の発生を証する書面を添付します。

　　　③ 　目的とする特定非営利活動に係る成功の不能によって解散する場合は、当該成功の不能を証する書面及び所轄庁の認定書（又は認証がある謄本）を添付します。

　　　④ 　社員の欠亡により解散した場合は、社員が一人もいなくなったことを証する書面等を添付します。

　　　（清算人）

　　　① 　理事が各自法人を代表する場合において、当該理事が清算人になる場合は、定款を添付します。

　　　② 　特定の理事（例えば、理事長等）のみが NPO 法人を代表する場合において、理事が清算人になる場合は、定款、理事長以外の理事の選任を証する社員総会議事録、理事長等以外の理事についての就任承諾書を添付します。

　　　③ 　社員総会の選任による清算人の場合には、社員総会議事録及び就任承諾書を添付します。

　　　④ 　定款の規定による清算人の場合には、定款及び就任承諾書を添付します。

　　　⑤ 　裁判所の選任に係る清算人の場合には、清算人選任決定正本（又は認証がある謄本）を添付します。

(注 5)　代理人に登記申請を委任した場合に添付します。

(注 6)　清算人の印鑑は、清算人が登記所に提出した印鑑を押印します。

(注 7)　代理人が登記申請する場合に記載し、代理人の印鑑を押印します。

（登記すべき事項をオンラインにより提出する場合の別紙の例）

「解散」
令和○年○月○日社員総会の決議により解散
「役員に関する事項」
「資格」清算人
「住所」東京都○市○町○丁目○番○号
「氏名」丙山太郎
「原因年月日」令和○年○月○日就任
「役員に関する事項」
「資格」清算人
「住所」東京都○区○町○丁目○番○号
「氏名」○○○○
「原因年月日」令和○年○月○日就任
「役員に関する事項」
「資格」清算人
「住所」○県○市○町○丁目○番○号
「氏名」○○○○
「原因年月日」令和○年○月○日就任

（社員総会議事録　社員総会の決議で解散し、社員総会で清算人を選任したときの例）

社員総会議事録

1　開　催　日　時　　令和○年○月○日午前 10 時
1　開　催　場　所　　当法人事務所（東京都千代田区大手町一丁目１番
　　　　　　　　　　　１号）
1　総　社　員　数　　○名
1　出席した社員数　　○名
1　審　議　事　項　　当 NPO 法人の解散及び清算人選任について
1　議長選任の経過
　　定刻に至り、司会者○○○○は開会を宣言し、本日の社員総会は定款所定数を満たしたので有効に成立した旨を告げ、議長の選任方法を諮ったところ、満場一致をもって○○○○が議長に選任された。続いて議長から挨拶の後、議案の審議に入った。
1　議事の経過の概要及び議決の結果

　第１号議案　当法人解散の件

　　議長は、今般、諸般の事情により当 NPO 法人を解散したい旨を議場に諮ったところ、満場一致をもって異議なく可決決定した。

　第２号議案　清算人選任の件

　　議長は、清算人を選任する必要がある旨を述べ、議場に諮ったところ、全員一致をもって、下記の者が選任された。
　　なお、被選任者は席上、その就任を承諾した。
　　　　　清算人　東京都○市○町○丁目○番○号
　　　　　　　　　丙山太郎
　　　　　清算人　東京都○区○町○丁目○番○号
　　　　　　　　　○○○○
　　　　　清算人　○県○市○町○丁目○番○号
　　　　　　　　　○○○○
1　議事録署名人の選任に関する事項
　　議長から、次の者を議事録署名人に選任したい旨を述べ、これを議場に諮ったところ、満場一致をもって次の者が議事録署名人に選任された。
　　なお、被選任者は席上、その就任を承諾した。
　　　　　議事録署名人　○○○○
　　　　　同　　　　　　○○○○

以上をもって社員総会の議案全部の審議を終了したので、議長は閉会を宣言し、午前11時30分散会した。

　　上記の議決を明確にするため、議長及び議事録署名人において次に記名押印する。

　　　令和○年○月○日

　　　　　　　　　　　　　特定非営利活動法人向日葵太陽会
　　　　　　　　　　　　　社員総会において
　　　　　　　　　　　　　議長　　　　　　○○○○　　㊞
　　　　　　　　　　　　　議事録署名人　　○○○○　　㊞
　　　　　　　　　　　　　同　　　　　　　○○○○　　㊞

（注1）社員総会の席上で清算人に選任された者がその就任を承諾し、その旨の記載が議事録にある場合には、別途、就任承諾書を添付する必要はありません。
　　　　この場合、申請書には、「就任承諾書は、社員総会議事録の記載を援用する。」と記載します。
（注2）議事録が複数頁になる場合は、議事録署名人の1人が各頁の綴り目に契印します。

（就任承諾書）

　　　　　　　　　　　　　就任承諾書

　　私は、令和○年○月○日開催の貴法人社員総会において、貴法人の清算人に選任されたので、その就任を承諾します。

　　　令和○年○月○日

　　　　　　　　　　　　　　　○県○市○町○丁目○番○号
　　　　　　　　　　　　　　　○○○○　　㊞

　　特定非営利活動法人向日葵太陽会　御中

（注）清算人の押印は、認印でも差し支えありません。

（委任状の例）

委　任　状

東京都豊島区池袋一丁目1番1号

乙　川　一　郎

　私は、上記の者を代理人に定め、次の権限を委任する。

1　当法人の解散及び清算人就任の登記を申請する一切の件
1　原本還付の請求及び受領の件

　　令和○年○月○日

東京都千代田区大手町一丁目1番1号
特定非営利活動法人向日葵太陽会
清算人　　丙　山　太　郎　㊞

（**注**）清算人の印鑑は、清算人が登記所に提出している印鑑を押印します。

第10章　清算の結了

清算の手続及び清算結了の登記手続について教えてください。

1　清算結了の手続

　清算NPO法人は、NPO法人に債権があればそれを取り立て、債務があればそれを弁済しなければなりません。

　そこで、清算人は、NPO法人がNPO法31条1項各号に掲げる事由によって解散した後、遅滞なく、債権者に対し、一定の期間（2か月を下ることができない。）内にその債権を申し出るべき旨を官報に公告し、かつ、判明している債権者には、各別にこれを催告する必要があります（NPO法31条の10第1項・3項・4項）。この公告には、当該債権者が当該期間内に申出をしないときは清算から除斥される旨を付記しなければならないとされています（同条2項）。

　債権債務を整理して財産が残った場合は、合併及び破産手続開始の決定による解散の場合を除き、定款で定める帰属者に帰属します（NPO法32条1項）。定款に残余財産の帰属すべき者に関する規定がないときは、清算人は、所轄庁の認証を得て、その財産を国又は地方公共団体に譲渡することができるとされています（同条2項）。清算が結了したときは、清算人は、その旨を所轄庁に届け出なければなりません（NPO法32条の3）。

2　清算結了の登記

　清算人の清算行為によって清算が結了したときは、NPO法人は、清算結了の日から、主たる事務所の所在地においては2週間以内に、従たる事務所の所在地においては3週間以内に、清算結了の登記をしなければなりません（組合等登記令10条、13条）。

　清算結了の登記の申請書には、清算が結了したことを証する書面（清

算事務報告書等）を添付しなければならないとされています（組合等登記令 23 条）。また、NPO 法人は、定款に残余財産の帰属すべき者に関する規定がないときは、所轄庁の認証を得てその財産を国又は地方公共団体に譲渡することができる（NPO 法 32 条 2 項）とされていますが、この場合には、清算結了の登記の申請書には、所轄庁の認可書を添付しなければならないとされています（組合等登記令 25 条、商業登記法 19 条、平成 10.8.31 民四第 1605 号民事局長通達）。従たる事務所の所在地の登記所で申請する場合の添付書類は、主たる事務所の所在地において清算結了の登記をしたことを証する登記事項証明書を添付しなければなりません（組合等登記令 25 条、商業登記法 48 条 1 項）。なお、登記の申請書に会社法人等番号を記載した場合には、登記事項証明書の添付を省略することができます（組合等登記令 25 条、商業登記法 19 条の 3、各種法人等登記規則 5 条、商業登記規則 36 条の 3）。

申請書書式

（清算結了の登記）

特定非営利活動法人清算結了登記申請書

1	会社法人等番号	○○○○－○○－○○○○○○ （注1）
	フリガナ	ヒマワリタイヨウカイ （注2）
1	名　　　称	特定非営利活動法人向日葵太陽会
1	主たる事務所	東京都千代田区大手町一丁目1番1号
1	登記の事由	清算結了
1	登記すべき事項	別紙のとおりの内容をオンラインにより提出済み

（注3）

1	添 付 書 類	清算事務報告書	1通（注4）
		委任状	1通（注5）

　上記のとおり登記の申請をします。
　令和○年○月○日

　　　　　　　　　　　東京都千代田区大手町一丁目1番1号
　　　　　　　　　　　申　請　人　　特定非営利活動法人向日葵太陽会
　　　　　　　　　　　東京都○市○町○丁目○番○号
　　　　　　　　　　　清　算　人　　丙　山　太　郎　㊞（注6）
　　　　　　　　　　　東京都豊島区池袋一丁目1番1号
　　　　　　　　　　　上記代理人　　乙　川　一　郎　㊞（注7）
　　　　　　　　　　　連絡先の電話番号

　東京法務局　御中

（注1）会社法人等番号が分かる場合に記載します。

（注2）名称のフリガナは、法人の種類を表す（特定非営利活動法人）部分を除いて、片仮名で、左に詰めて記載します。

（注3）登記すべき事項をCD-R（又はDVD-R）に記録し、登記所に提出することもできますし、CD-Rに代えて、オンラインにより提出することもできます。

（注4）清算が結了したことを証する書面として、清算事務報告書を添付します。

（注5）代理人に登記申請を委任した場合に添付します。

（注6）清算人の印鑑は、清算人が登記所に提出した印鑑を押印します。

（注7）代理人が登記申請する場合に記載し、代理人の印鑑を押印します。清算人の印鑑は、委任状に押印しているので、申請書には押印の必要はありません。

（登記すべき事項をオンラインにより提供する場合の別紙の例）

「登記記録に関する事項」令和○年○月○日清算結了

（清算事務報告書）

清算事務報告書

1　財産目録及び貸借対照表　　別紙のとおり
1　未収金　　０円　取立済
1　差引　　０円　残余財産
上記残余財産を次のとおり処分した。
　　清算費用　０円
　　残余財産は、定款の規定に基づき特定非営利活動法人○○に引渡す。
以上のとおり清算結了した。

　　令和○年○月○日

　　　　　　　　　　　　　　　　特定非営利活動法人向日葵太陽会
　　　　　　　　　　　　　　　　清算人　丙山太郎　㊞
　　　　　　　　　　　　　　　　同　　　○○○○　㊞
　　　　　　　　　　　　　　　　同　　　○○○○　㊞

以上のとおり承認する。
　　　　　　　　　　　　　　　　監事　　○○○○　㊞

（委任状）

委　任　状

東京都豊島区池袋一丁目１番１号

乙　川　一　郎

　私は、上記の者を代理人に定め、次の権限を委任する。

1　当NPO法人の清算結了の登記を申請する一切の件
1　原本還付の請求及び受領の件

　　令和〇年〇月〇日

東京都千代田区大手町一丁目１番１号

特定非営利活動法人向日葵太陽会

清算人　　丙　山　太　郎　㊞

（**注**）清算人の印鑑は、清算人が登記所に提出している印鑑を押印します。

参考資料

特定非営利活動促進法の一部を改正する法律
（平成 28 年法律第 70 号）新旧対照条文

<u>（傍線部分は改正部分）</u>

○特定非営利活動促進法（平成 10 年法律第 7 号）〔抄〕

新　法	旧　法
目次 　第 1 章・第 2 章　（略） 　第 3 章　認定特定非営利活動法人及び<u>特例認定特定非営利活動法人</u> 　　第 1 節　（略） 　　第 2 節　<u>特例認定特定非営利活動法人</u> 　　　（第 58 条―第 62 条） 　　第 3 節・第 4 節　（略） 　第 4 章～第 5 章　（略） 　附則	目次 　第 1 章・第 2 章　（略） 　第 3 章　認定特定非営利活動法人及び<u>仮認定特定非営利活動法人</u> 　　第 1 節　（略） 　　第 2 節　<u>仮認定特定非営利活動法人</u>（第 58 条―第 62 条） 　　第 3 節・第 4 節　（略） 　第 4 章～第 5 章　（略） 　附則
（定義） 第 2 条　（略） 2・3　（略） 4　この法律において「<u>特例認定特定非営利活動法人</u>」とは、第 58 条第 1 項の<u>特例認定</u>を受けた特定非営利活動法人をいう。	（定義） 第 2 条　（略） 2・3　（略） 4　この法律において「<u>仮認定特定非営利活動法人</u>」とは、第 58 条第 1 項の<u>仮認定</u>を受けた特定非営利活動法人をいう。
（設立の認証） 第 10 条　（略） 2　所轄庁は、前項の認証の申請があった場合には、遅滞なく、その旨及び次に掲げる事項を<u>公告し、又はインターネットの利用により公表する</u>とともに、同項第 1 号、第 2 号イ、第 5 号、第 7 号及び第 8 号に掲げる書類を、申請書を受理した日から<u>1 月間</u>、その指定した場所において公衆の縦覧に供しなければならない。 　一・二　（略） 3　第 1 項の規定により提出された申請書又は当該申請書に添付された同項各号に掲げる書類に不備があるときは、当該申請をした者は、当該不備が都道府県又は指定都市の条例で定める軽微なものである場合に限り、これを補正することができる。ただし、所轄庁が当該申請書を受理した日から<u>2 週間</u>を経過したときは、この限りでない。	（設立の認証） 第 10 条　（略） 2　所轄庁は、前項の認証の申請があった場合には、遅滞なく、その旨及び次に掲げる事項を<u>公告する</u>とともに、同項第 1 号、第 2 号イ、第 5 号、第 7 号及び第 8 号に掲げる書類を、申請書を受理した日から<u>2 月間</u>、その指定した場所において公衆の縦覧に供しなければならない。 　一・二　（略） 3　第 1 項の規定により提出された申請書又は当該申請書に添付された同項各号に掲げる書類に不備があるときは、当該申請をした者は、当該不備が都道府県又は指定都市の条例で定める軽微なものである場合に限り、これを補正することができる。ただし、所轄庁が当該申請書を受理した日から<u>1 月</u>を経過したときは、この限りでない。

（社員の表決権）

第14条の7　（略）

2　（略）

3　社員は、定款で定めるところにより、前項の規定に基づく書面による表決に代えて、電磁的方法（電子情報処理組織を使用する方法その他の情報通信の技術を利用する方法であって内閣府令で定めるものをいう。第28条の2第1項第3号において同じ。）により表決をすることができる。

4　（略）

（事業報告書等の備置き等及び閲覧）

第28条　特定非営利活動法人は、毎事業年度初めの3月以内に、都道府県又は指定都市の条例で定めるところにより、前事業年度の事業報告書、計算書類及び財産目録並びに年間役員名簿（前事業年度において役員であったことがある者全員の氏名及び住所又は居所並びにこれらの者についての前事業年度における報酬の有無を記載した名簿をいう。）並びに前事業年度の末日における社員のうち10人以上の者の氏名（法人にあっては、その名称及び代表者の氏名）及び住所又は居所を記載した書面（以下「事業報告書等」という。）を作成し、これらを、その作成の日から起算して5年が経過した日を含む事業年度の末日までの間、その事務所に備え置かなければならない。

2　特定非営利活動法人は、都道府県又は指定都市の条例で定めるところにより、役員名簿及び定款等（定款並びにその認証及び登記に関する書類の写しをいう。以下同じ。）を、その事務所に備え置かなければならない。

3　（略）

（貸借対照表の公告）

第28条の2　特定非営利活動法人は、内閣府令で定めるところにより、前条第1項の規定による前事業年度の貸借対照表の作成後遅滞なく、次に掲げる方法のうち定款で定める方法によりこれを公告しなければならない。

一　官報に掲載する方法

二　時事に関する事項を掲載する日刊新聞

（社員の表決権）

第14条の7　（略）

2　（略）

3　社員は、定款で定めるところにより、前項の規定に基づく書面による表決に代えて、電磁的方法（電子情報処理組織を使用する方法その他の情報通信の技術を利用する方法であって内閣府令で定めるものをいう。）により表決をすることができる。

4　（略）

（事業報告書等の備置き等及び閲覧）

第28条　特定非営利活動法人は、毎事業年度初めの3月以内に、都道府県又は指定都市の条例で定めるところにより、前事業年度の事業報告書、計算書類及び財産目録並びに年間役員名簿（前事業年度において役員であったことがある者全員の氏名及び住所又は居所並びにこれらの者についての前事業年度における報酬の有無を記載した名簿をいう。）並びに前事業年度の末日における社員のうち10人以上の者の氏名（法人にあっては、その名称及び代表者の氏名）及び住所又は居所を記載した書面（以下「事業報告書等」という。）を作成し、これらを、翌々事業年度の末日までの間、その事務所に備え置かなければならない。

2　特定非営利活動法人は、都道府県又は指定都市の条例で定めるところにより、役員名簿並びに定款等（定款並びにその認証及び登記に関する書類の写しをいう。以下同じ。）を、その事務所に備え置かなければならない。

3　（略）

〔新設〕

　　　紙に掲載する方法

　　三　電子公告（電磁的方法により不特定多
　　　数の者が公告すべき内容である情報の提
　　　供を受けることができる状態に置く措置
　　　であって内閣府令で定めるものをとる公
　　　告の方法をいう。以下この条において同
　　　じ。）

　　四　前三号に掲げるもののほか、不特定多
　　　数の者が公告すべき内容である情報を認
　　　識することができる状態に置く措置とし
　　　て内閣府令で定める方法

2　前項の規定にかかわらず、同項に規定す
　る貸借対照表の公告の方法として同項第1
　号又は第2号に掲げる方法を定款で定める
　特定非営利活動法人は、当該貸借対照表の
　要旨を公告することで足りる。

3　特定非営利活動法人が第1項第3号に掲
　げる方法を同項に規定する貸借対照表の公
　告の方法とする旨を定款で定める場合に
　は、事故その他やむを得ない事由によって
　電子公告による公告をすることができない
　場合の当該公告の方法として、同項第1号
　又は第2号に掲げる方法のいずれかを定め
　ることができる。

4　特定非営利活動法人が第1項の規定によ
　り電子公告による公告をする場合には、前
　条第1項の規定による前事業年度の貸借対
　照表の作成の日から起算して5年が経過し
　た日を含む事業年度の末日までの間、継続
　して当該公告をしなければならない。

5　前項の規定にかかわらず、同項の規定に
　より電子公告による公告をしなければなら
　ない期間（第2号において「公告期間」と
　いう。）中公告の中断（不特定多数の者が
　提供を受けることができる状態に置かれた
　情報がその状態に置かれないこととなった
　こと又はその情報がその状態に置かれた後
　改変されたことをいう。以下この項におい
　て同じ。）が生じた場合において、次のい
　ずれにも該当するときは、その公告の中断
　は、当該電子公告による公告の効力に影響
　を及ぼさない。

　　一　公告の中断が生ずることにつき特定非
　　　営利活動法人が善意でかつ重大な過失が
　　　ないこと又は特定非営利活動法人に正当
　　　な事由があること。

　　二　公告の中断が生じた時間の合計が公告
　　　期間の10分の1を超えないこと。
　　三　特定非営利活動法人が公告の中断が生
　　　じたことを知った後速やかにその旨、公
　　　告の中断が生じた時間及び公告の中断の
　　　内容を当該電子公告による公告に付して
　　　公告したこと。

（事業報告書等の公開）
第30条　所轄庁は、特定非営利活動法人か
　ら提出を受けた事業報告書等（過去5年間
　に提出を受けたものに限る。）、役員名簿又
　は定款等について閲覧又は謄写の請求が
　あったときは、都道府県又は指定都市の条
　例で定めるところにより、これを閲覧させ、
　又は謄写させなければならない。

（報告及び検査）
第41条　所轄庁は、特定非営利活動法人（認
　定特定非営利活動法人及び特例認定特定非
　営利活動法人を除く。以下この項及び次項
　において同じ。）が法令、法令に基づいて
　する行政庁の処分又は定款に違反する疑い
　があると認められる相当な理由があるとき
　は、当該特定非営利活動法人に対し、その
　業務若しくは財産の状況に関し報告をさ
　せ、又はその職員に、当該特定非営利活動
　法人の事務所その他の施設に立ち入り、そ
　の業務若しくは財産の状況若しくは帳簿、
　書類その他の物件を検査させることができ
　る。
2〜4　（略）

　　　第3章　認定特定非営利活動法人及び
　　　　　　特例認定特定非営利活動法人

（認定の基準）
第45条　所轄庁は、前条第1項の認定の申
　請をした特定非営利活動法人が次の各号に
　掲げる基準に適合すると認めるときは、同
　項の認定をするものとする。
　一〜四　（略）
　　五　次に掲げる書類について閲覧の請求が
　　　あった場合には、正当な理由がある場合
　　　を除いて、これをその事務所において閲
　　　覧させること。

（事業報告書等の公開）
第30条　所轄庁は、特定非営利活動法人か
　ら提出を受けた事業報告書等（過去3年間
　に提出を受けたものに限る。）、役員名簿又
　は定款等について閲覧又は謄写の請求が
　あったときは、都道府県又は指定都市の条
　例で定めるところにより、これを閲覧させ、
　又は謄写させなければならない。

（報告及び検査）
第41条　所轄庁は、特定非営利活動法人（認
　定特定非営利活動法人及び仮認定特定非営
　利活動法人を除く。以下この項及び次項に
　おいて同じ。）が法令、法令に基づいてす
　る行政庁の処分又は定款に違反する疑いが
　あると認められる相当な理由があるとき
　は、当該特定非営利活動法人に対し、その
　業務若しくは財産の状況に関し報告をさ
　せ、又はその職員に、当該特定非営利活動
　法人の事務所その他の施設に立ち入り、そ
　の業務若しくは財産の状況若しくは帳簿、
　書類その他の物件を検査させることができ
　る。
2〜4　（略）

　　　第3章　認定特定非営利活動法人及び
　　　　　　仮認定特定非営利活動法人

（認定の基準）
第45条　所轄庁は、前条第1項の認定の申
　請をした特定非営利活動法人が次の各号に
　掲げる基準に適合すると認めるときは、同
　項の認定をするものとする。
　一〜四　（略）
　　五　次に掲げる書類について閲覧の請求が
　　　あった場合には、正当な理由がある場合
　　　を除いて、これをその事務所において閲
　　　覧させること。

イ　（略）

ロ　前条第2項第2号及び第3号に掲げる書類並びに第54条第2項第2号から第4号までに掲げる書類及び同条第3項の書類

六～八　（略）

九　実績判定期間において、第3号、第4号イ及びロ並びに第5号から第7号までに掲げる基準（当該実績判定期間中に、前条第1項の認定又は第58条第1項の特例認定を受けていない期間が含まれる場合には、当該期間については第5号ロに掲げる基準を除く。）に適合していること。

2　（略）

（欠格事由）

第47条　第45条の規定にかかわらず、次のいずれかに該当する特定非営利活動法人は、第44条第1項の認定を受けることができない。

一　その役員のうちに、次のいずれかに該当する者があるもの

イ　認定特定非営利活動法人が第67条第1項若しくは第2項の規定により第44条第1項の認定を取り消された場合又は特例認定特定非営利活動法人が第67条第3項において準用する同条第1項若しくは第2項の規定により第58条第1項の特例認定を取り消された場合において、その取消しの原因となった事実があった日以前1年内に当該認定特定非営利活動法人又は当該特例認定特定非営利活動法人のその業務を行う理事であった者でその取消しの日から5年を経過しないもの

ロ～ニ　（略）

二　第67条第1項若しくは第2項の規定により第44条第1項の認定を取り消され、又は第67条第3項において準用する同条第1項若しくは第2項の規定により第58条第1項の特例認定を取り消され、その取消しの日から5年を経過しないもの

三～六　（略）

イ　（略）

ロ　前条第2項第2号及び第3号に掲げる書類並びに第54条第2項第2号から第4号までに掲げる書類、同条第3項の書類及び同条第4項の書類

六～八　（略）

九　実績判定期間において、第3号、第4号イ及びロ並びに第5号から第7号までに掲げる基準（当該実績判定期間中に、前条第1項の認定又は第58条第1項の仮認定を受けていない期間が含まれる場合には、当該期間については第5号ロに掲げる基準を除く。）に適合していること。

2　（略）

（欠格事由）

第47条　第45条の規定にかかわらず、次のいずれかに該当する特定非営利活動法人は、第44条第1項の認定を受けることができない。

一　その役員のうちに、次のいずれかに該当する者があるもの

イ　認定特定非営利活動法人が第67条第1項若しくは第2項の規定により第44条第1項の認定を取り消された場合又は仮認定特定非営利活動法人が第67条第3項において準用する同条第1項若しくは第2項の規定により第58条第1項の仮認定を取り消された場合において、その取消しの原因となった事実があった日以前1年内に当該認定特定非営利活動法人又は当該仮認定特定非営利活動法人のその業務を行う理事であった者でその取消しの日から5年を経過しないもの

ロ～ニ　（略）

二　第67条第1項若しくは第2項の規定により第44条第1項の認定を取り消され、又は第67条第3項において準用する同条第1項若しくは第2項の規定により第58条第1項の仮認定を取り消され、その取消しの日から5年を経過しないもの

三～六　（略）

（認定申請の添付書類及び役員報酬規程等の備置き等及び閲覧）

第54条　（略）

2　認定特定非営利活動法人は、毎事業年度初めの3月以内に、都道府県又は指定都市の条例で定めるところにより、次に掲げる書類を作成し、第1号に掲げる書類についてはその作成の日から起算して5年間、第2号から第4号までに掲げる書類についてはその作成の日から起算して5年が経過した日を含む事業年度の末日までの間、その事務所に備え置かなければならない。

一　前事業年度の寄附者名簿

二　前事業年度の役員報酬又は職員給与の支給に関する規程

三　前事業年度の収益の明細その他の資金に関する事項、資産の譲渡等に関する事項、寄附金に関する事項その他の内閣府令で定める事項を記載した書類

四　前三号に掲げるもののほか、内閣府令で定める書類

3　認定特定非営利活動法人は、助成金の支給を行ったときは、都道府県又は指定都市の条例で定めるところにより、遅滞なく、その助成の実績を記載した書類を作成し、その作成の日から起算して5年が経過した日を含む事業年度の末日までの間、これをその事務所に備え置かなければならない。

〔削る〕

4　認定特定非営利活動法人は、第44条第2項第2号若しくは第3号に掲げる書類又は第2項第2号から第4号までに掲げる書類若しくは前項の書類の閲覧の請求があった場合には、正当な理由がある場合を除い

（認定申請の添付書類及び役員報酬規程等の備置き等及び閲覧）

第54条　（略）

2　認定特定非営利活動法人は、毎事業年度初めの3月以内に、都道府県又は指定都市の条例で定めるところにより、次に掲げる書類を作成し、第1号に掲げる書類についてはその作成の日から起算して5年間、第2号から第4号までに掲げる書類については翌々事業年度の末日までの間、その事務所に備え置かなければならない。

一　（略）

二　（略）

三　（略）

四　（略）

3　認定特定非営利活動法人は、助成金の支給を行ったときは、都道府県又は指定都市の条例で定めるところにより、遅滞なく、その助成の実績を記載した書類を作成し、その作成の日から起算して3年が経過した日を含む事業年度の末日までの間、これをその事務所に備え置かなければならない。

4　認定特定非営利活動法人は、海外への送金又は金銭の持出し（その金額が200万円以下のものを除く。次条第2項において同じ。）を行うときは、都道府県又は指定都市の条例で定めるところにより、事前に、その金額及び使途並びにその予定日（災害に対する援助その他緊急を要する場合で事前の作成が困難なときは、事後遅滞なく、その金額及び使途並びにその実施日）を記載した書類を作成し、その作成の日から起算して3年が経過した日を含む事業年度の末日までの間、これをその事務所に備え置かなければならない。

5　認定特定非営利活動法人は、第44条第2項第2号若しくは第3号に掲げる書類又は第2項第2号から第4号までに掲げる書類、第3項の書類若しくは前項の書類の閲覧の請求があった場合には、正当な理由が

て、これをその事務所において閲覧させな
ければならない。

（役員報酬規程等の提出）

第55条　（略）

2　認定特定非営利活動法人は、助成金の支
給を行ったときは、都道府県又は指定都市
の条例で定めるところにより、前条第3項
の書類を所轄庁に提出しなければならな
い。

（役員報酬規程等の公開）

第56条　所轄庁は、認定特定非営利活動法
人から提出を受けた第44条第2項第2号
若しくは第3号に掲げる書類又は第54条
第2項第2号から第4号までに掲げる書類
若しくは同条第3項の書類（過去5年間に
提出を受けたものに限る。）について閲覧
又は謄写の請求があったときは、都道府県
又は指定都市の条例で定めるところによ
り、これを閲覧させ、又は謄写させなけれ
ばならない。

第2節　特例認定特定非営利活動法
人

（特例認定）

第58条　特定非営利活動法人であって新た
に設立されたもののうち、その運営組織及
び事業活動が適正であって特定非営利活動
の健全な発展の基盤を有し公益の増進に資
すると見込まれるものは、所轄庁の特例認
定を受けることができる。

2　第44条第2項（第1号に係る部分を除
く。）及び第3項の規定は、前項の特例認
定を受けようとする特定非営利活動法人に
ついて準用する。この場合において、同条
第3項中「5年（同項の認定を受けたこと
のない特定非営利活動法人が同項の認定を
受けようとする場合にあっては、2年）」
とあるのは、「2年」と読み替えるものと
する。

（特例認定の基準）

第59条　所轄庁は、前条第1項の特例認定
の申請をした特定非営利活動法人が次の各

ある場合を除いて、これをその事務所にお
いて閲覧させなければならない。

（役員報酬規程等の提出）

第55条　（略）

2　認定特定非営利活動法人は、助成金の支
給を行ったとき又は海外への送金若しくは
金銭の持出しを行うときは、都道府県又は
指定都市の条例で定めるところにより、前
条第3項又は第4項の書類を所轄庁に提出
しなければならない。

（役員報酬規程等の公開）

第56条　所轄庁は、認定特定非営利活動法
人から提出を受けた第44条第2項第2号
若しくは第3号に掲げる書類又は第54条
第2項第2号から第4号までに掲げる書類、
同条第3項の書類若しくは同条第4項の書
類（過去3年間に提出を受けたものに限
る。）について閲覧又は謄写の請求があっ
たときは、都道府県又は指定都市の条例で
定めるところにより、これを閲覧させ、又
は謄写させなければならない。

第2節　仮認定特定非営利活動法人

（仮認定）

第58条　特定非営利活動法人であって新た
に設立されたもののうち、その運営組織及
び事業活動が適正であって特定非営利活動
の健全な発展の基盤を有し公益の増進に資
すると見込まれるものは、所轄庁の仮認定
を受けることができる。

2　第44条第2項（第1号に係る部分を除
く。）及び第3項の規定は、前項の仮認定
を受けようとする特定非営利活動法人につ
いて準用する。この場合において、同条第
3項中「5年（同項の認定を受けたことの
ない特定非営利活動法人が同項の認定を受
けようとする場合にあっては、2年）」と
あるのは、「2年」と読み替えるものとする。

（仮認定の基準）

第59条　所轄庁は、前条第1項の仮認定の
申請をした特定非営利活動法人が次の各号

号に掲げる基準に適合すると認めるときは、同項の特例認定をするものとする。

一・二　（略）

三　第44条第1項の認定又は前条第1項の特例認定を受けたことがないこと。

（特例認定の有効期間）

第60条　第58条第1項の特例認定の有効期間は、当該特例認定の日から起算して3年とする。

（特例認定の失効）

第61条　特例認定特定非営利活動法人について、次のいずれかに掲げる事由が生じたときは、第58条第1項の特例認定は、その効力を失う。

一　第58条第1項の特例認定の有効期間が経過したとき。

二　特例認定特定非営利活動法人が特例認定特定非営利活動法人でない特定非営利活動法人と合併をした場合において、その合併が第63条第1項又は第2項の認定を経ずにその効力を生じたとき（同条第4項に規定する場合にあっては、その合併の不認定処分がされたとき。）。

三　特例認定特定非営利活動法人が解散したとき。

四　特例認定特定非営利活動法人が第44条第1項の認定を受けたとき。

（認定特定非営利活動法人に関する規定の準用）

第62条　第46条から第50条まで、第52条から第56条まで並びに第57条第2項及び第3項の規定は、特例認定特定非営利活動法人について準用する。この場合において、第54条第1項中「5年間」とあるのは「3年間」と、同条第2項中「5年間」とあるのは「3年間」と、「その作成の日から起算して5年が経過した日を含む事業年度」とあるのは「翌々事業年度」と、同条第3項中「5年が経過した日を含む事業年度の末日」とあるのは「第60条の有効期間の満了の日」と、第56条中「5年間」とあるのは「3年間」と読み替えるものとする。

に掲げる基準に適合すると認めるときは、同項の仮認定をするものとする。

一・二　（略）

三　第44条第1項の認定又は前条第1項の仮認定を受けたことがないこと。

（仮認定の有効期間）

第60条　第58条第1項の仮認定の有効期間は、当該仮認定の日から起算して3年とする。

（仮認定の失効）

第61条　仮認定特定非営利活動法人について、次のいずれかに掲げる事由が生じたときは、第58条第1項の仮認定は、その効力を失う。

一　第58条第1項の仮認定の有効期間が経過したとき。

二　仮認定特定非営利活動法人が仮認定特定非営利活動法人でない特定非営利活動法人と合併をした場合において、その合併が第63条第1項又は第2項の認定を経ずにその効力を生じたとき（同条第4項に規定する場合にあっては、その合併の不認定処分がされたとき。）。

三　仮認定特定非営利活動法人が解散したとき。

四　仮認定特定非営利活動法人が第44条第1項の認定を受けたとき。

（認定特定非営利活動法人に関する規定の準用）

第62条　第46条から第50条まで、第52条から第56条まで並びに第57条第2項及び第3項の規定は、仮認定特定非営利活動法人について準用する。この場合において、第54条第1項及び第2項中「5年間」とあるのは「3年間」と、同条第3項及び第4項中「3年が経過した日を含む事業年度の末日」とあるのは「第60条の有効期間の満了の日」と読み替えるものとする。

第3節　認定特定非営利活動法人等
　　　　　の合併
第63条　（略）
2　特例認定特定非営利活動法人が特例認定
　特定非営利活動法人でない特定非営利活動
　法人（認定特定非営利活動法人であるもの
　を除く。）と合併をした場合は、合併後存
　続する特定非営利活動法人又は合併によっ
　て設立した特定非営利活動法人は、その合
　併について所轄庁の認定がされたときに限
　り、合併によって消滅した特定非営利活動
　法人のこの法律の規定による特例認定特定
　非営利活動法人としての地位を承継する。
3　第1項の認定を受けようとする認定特定
　非営利活動法人又は前項の認定を受けよう
　とする特例認定特定非営利活動法人は、第
　34条第3項の認証の申請に併せて、所轄
　庁に第1項の認定又は前項の認定の申請を
　しなければならない。
4　前項の申請があった場合において、その
　合併がその効力を生ずる日までにその申請
　に対する処分がされないときは、合併後存
　続する特定非営利活動法人又は合併によっ
　て設立した特定非営利活動法人は、その処
　分がされるまでの間は、合併によって消滅
　した特定非営利活動法人のこの法律の規定
　による認定特定非営利活動法人又は特例認
　定特定非営利活動法人としての地位を承継
　しているものとみなす。
5　（略）

（報告及び検査）
第64条　所轄庁は、認定特定非営利活動法
　人又は特例認定特定非営利活動法人（以下
　「認定特定非営利活動法人等」という。）が
　法令、法令に基づいてする行政庁の処分若
　しくは定款に違反し、又はその運営が著し
　く適正を欠いている疑いがあると認めると
　きは、当該認定特定非営利活動法人等に対
　し、その業務若しくは財産の状況に関し報
　告をさせ、又はその職員に、当該認定特定
　非営利活動法人等の事務所その他の施設に
　立ち入り、その業務若しくは財産の状況若
　しくは帳簿、書類その他の物件を検査させ
　ることができる。
2～7　（略）

第3節　認定特定非営利活動法人等
　　　　　の合併
第63条　（略）
2　仮認定特定非営利活動法人が仮認定特定
　非営利活動法人でない特定非営利活動法人
　（認定特定非営利活動法人であるものを除
　く。）と合併をした場合は、合併後存続す
　る特定非営利活動法人又は合併によって設
　立した特定非営利活動法人は、その合併に
　ついて所轄庁の認定がされたときに限り、
　合併によって消滅した特定非営利活動法人
　のこの法律の規定による仮認定特定非営利
　活動法人としての地位を承継する。
3　第1項の認定を受けようとする認定特定
　非営利活動法人又は前項の認定を受けよう
　とする仮認定特定非営利活動法人は、第
　34条第3項の認証の申請に併せて、所轄
　庁に第1項の認定又は前項の認定の申請を
　しなければならない。
4　前項の申請があった場合において、その
　合併がその効力を生ずる日までにその申請
　に対する処分がされないときは、合併後存
　続する特定非営利活動法人又は合併によっ
　て設立した特定非営利活動法人は、その処
　分がされるまでの間は、合併によって消滅
　した特定非営利活動法人のこの法律の規定
　による認定特定非営利活動法人又は仮認定
　特定非営利活動法人としての地位を承継し
　ているものとみなす。
5　（略）

（報告及び検査）
第64条　所轄庁は、認定特定非営利活動法
　人又は仮認定特定非営利活動法人（以下「認
　定特定非営利活動法人等」という。）が法令、
　法令に基づいてする行政庁の処分若しくは
　定款に違反し、又はその運営が著しく適正
　を欠いている疑いがあると認めるときは、
　当該認定特定非営利活動法人等に対し、そ
　の業務若しくは財産の状況に関し報告をさ
　せ、又はその職員に、当該認定特定非営利
　活動法人等の事務所その他の施設に立ち入
　り、その業務若しくは財産の状況若しくは
　帳簿、書類その他の物件を検査させること
　ができる。
2～7　（略）

（認定又は特例認定の取消し）	（認定又は仮認定の取消し）
第67条　（略）	第67条　（略）
2　所轄庁は、認定特定非営利活動法人が次のいずれかに該当するときは、第44条第1項の認定を取り消すことができる。	2　所轄庁は、認定特定非営利活動法人が次のいずれかに該当するときは、第44条第1項の認定を取り消すことができる。
一　（略）	一　（略）
二　第29条、第52条第4項又は<u>第54条第4項</u>の規定を遵守していないとき。	二　第29条、第52条第4項又は<u>第54条第5項</u>の規定を遵守していないとき。
三　（略）	三　（略）
3　前二項の規定は、第58条第1項の<u>特例認定</u>について準用する。この場合において、第1項第2号中「、第51条第2項の有効期間の更新又は第63条第1項の認定」とあるのは、「又は第63条第2項の認定」と読み替えるものとする。	3　前二項の規定は、第58条第1項の<u>仮認定</u>について準用する。この場合において、第1項第2号中「、第51条第2項の有効期間の更新又は第63条第1項の認定」とあるのは、「又は第63条第2項の認定」と読み替えるものとする。
4　第43条第3項及び第4項、第49条第1項から第3項まで並びに第65条第7項の規定は、第1項又は第2項の規定による認定の取消し（第69条において「認定の取消し」という。）及び前項において準用する第1項又は第2項の規定による<u>特例認定の取消し</u>（同条において「<u>特例認定の取消し</u>」という。）について準用する。	4　第43条第3項及び第4項、第49条第1項から第3項まで並びに第65条第7項の規定は、第1項又は第2項の規定による認定の取消し（第69条において「認定の取消し」という。）及び前項において準用する第1項又は第2項の規定による<u>仮認定の取消し</u>（同条において「<u>仮認定の取消し</u>」という。）について準用する。
（所轄庁への指示）	（所轄庁への指示）
第69条　内閣総理大臣は、この章に規定する認定特定非営利活動法人等に関する事務の実施に関して地域間の均衡を図るため特に必要があると認めるときは、所轄庁に対し、第65条第1項の規定による勧告、同条第4項の規定による命令、第66条第1項の規定による命令又は認定の取消し若しくは<u>特例認定の取消し</u>その他の措置を採るべきことを指示することができる。	第69条　内閣総理大臣は、この章に規定する認定特定非営利活動法人等に関する事務の実施に関して地域間の均衡を図るため特に必要があると認めるときは、所轄庁に対し、第65条第1項の規定による勧告、同条第4項の規定による命令、第66条第1項の規定による命令又は認定の取消し若しくは<u>仮認定の取消し</u>その他の措置を採るべきことを指示することができる。
<u>（情報の提供等）</u>	<u>（情報の提供）</u>
第72条　（略）	第72条　（略）
<u>2　所轄庁及び特定非営利活動法人は、特定非営利活動法人の事業報告書その他の活動の状況に関する情報を前項の規定により内閣総理大臣が整備するデータベースに記録することにより、当該情報の積極的な公表に努めるものとする。</u>	〔新設〕

235

（民間事業者等が行う書面の保存等における情報通信の技術の利用に関する法律の適用）

第75条　第14条（第39条第2項において準用する場合を含む。）の規定による作成及び備置き、第28条第1項の規定による作成及び備置き、同条第2項の規定による備置き並びに同条第3項の規定による閲覧、第35条第1項の規定による作成及び備置き、第45条第1項第5号（第51条第5項及び第63条第5項において準用する場合を含む。）の規定による閲覧、第52条第4項（第62条において準用する場合を含む。）の規定による閲覧、第54条第1項（第62条（第63条第5項において準用する場合を含む。）及び第63条第5項において準用する場合を含む。）の規定による備置き、第54条第2項及び第3項（これらの規定を第62条において準用する場合を含む。）の規定による作成及び備置き並びに第54条第4項（第62条において準用する場合を含む。）の規定による閲覧について民間事業者等が行う書面の保存等における情報通信の技術の利用に関する法律（平成16年法律第149号）の規定を適用する場合においては、同法中「主務省令」とあるのは、「都道府県又は指定都市の条例」とし、同法第9条の規定は、適用しない。

第77条　偽りその他不正の手段により第44条第1項の認定、第51条第2項の有効期間の更新、第58条第1項の特例認定又は第63条第1項若しくは第2項の認定を受けた者は、6月以下の懲役又は50万円以下の罰金に処する。

第78条　次の各号のいずれかに該当する者は、50万円以下の罰金に処する。
一～三　（略）
四　第62条において準用する第50条第1項の規定に違反して、特例認定特定非営利活動法人であると誤認されるおそれのある文字をその名称又は商号中に用いた者
五　第62条において準用する第50条第2項の規定に違反して、他の特例認定特定

（民間事業者等が行う書面の保存等における情報通信の技術の利用に関する法律の適用）

第75条　第14条（第39条第2項において準用する場合を含む。）の規定による作成及び備置き、第28条第1項の規定による作成及び備置き、同条第2項の規定による備置き並びに同条第3項の規定による閲覧、第35条第1項の規定による作成及び備置き、第45条第1項第5号（第51条第5項及び第63条第5項において準用する場合を含む。）の規定による閲覧、第52条第4項（第62条において準用する場合を含む。）の規定による閲覧、第54条第1項（第62条（第63条第5項において準用する場合を含む。）及び第63条第5項において準用する場合を含む。）の規定による備置き、第54条第2項から第4項まで（これらの規定を第62条において準用する場合を含む。）の規定による作成及び備置き並びに第54条第5項（第62条において準用する場合を含む。）の規定による閲覧について民間事業者等が行う書面の保存等における情報通信の技術の利用に関する法律（平成16年法律第149号）の規定を適用する場合においては、同法中「主務省令」とあるのは、「都道府県又は指定都市の条例」とし、同法第9条の規定は、適用しない。

第77条　偽りその他不正の手段により第44条第1項の認定、第51条第2項の有効期間の更新、第58条第1項の仮認定又は第63条第1項若しくは第2項の認定を受けた者は、6月以下の懲役又は50万円以下の罰金に処する。

第78条　次の各号のいずれかに該当する者は、50万円以下の罰金に処する。
一～三　（略）
四　第62条において準用する第50条第1項の規定に違反して、仮認定特定非営利活動法人であると誤認されるおそれのある文字をその名称又は商号中に用いた者
五　第62条において準用する第50条第2項の規定に違反して、他の仮認定特定非

<u>非営利活動法人</u>であると誤認されるおそれのある名称又は商号を使用した者

六・七　（略）

第80条　次の各号のいずれかに該当する場合においては、特定非営利活動法人の理事、監事又は清算人は、20万円以下の過料に処する。

一～三　（略）

四　第28条第1項若しくは第2項、第54条第1項（第62条（第63条第5項において準用する場合を含む。）及び第63条第5項において準用する場合を含む。）又は第54条第2項<u>及び第3項</u>（これらの規定を第62条において準用する場合を含む。）の規定に違反して、書類を備え置かず、又はこれに記載すべき事項を記載せず、若しくは不実の記載をしたとき。

五・六　（略）

七　<u>第28条の2第1項、第31条の10第1項又は第31条の12第1項</u>の規定に違反して、公告をせず、又は不正の公告をしたとき。

八～十　（略）

<u>営利活動法人</u>であると誤認されるおそれのある名称又は商号を使用した者

六・七　（略）

第80条　次の各号のいずれかに該当する場合においては、特定非営利活動法人の理事、監事又は清算人は、20万円以下の過料に処する。

一～三　（略）

四　第28条第1項若しくは第2項、第54条第1項（第62条（第63条第5項において準用する場合を含む。）及び第63条第5項において準用する場合を含む。）又は第54条第2項<u>から第4項まで</u>（これらの規定を第62条において準用する場合を含む。）の規定に違反して、書類を備え置かず、又はこれに記載すべき事項を記載せず、若しくは不実の記載をしたとき。

五・六　（略）

七　<u>第31条の10第1項又は第31条の12第1項</u>の規定に違反して、公告をせず、又は不正の公告をしたとき。

八～十　（略）

執　筆　者

吉　岡　誠　一（よしおか　せいいち）

元東京法務局民事行政部第一法人登記部門首席登記官
元富山地方法務局長

第3版 Q&A法人登記の実務 NPO法人

2010 年 10 月 1 日	初版発行
2012 年 7 月 17 日	新版発行
2020 年 4 月 27 日	第 3 版発行

著　者　吉　岡　誠　一

発 行 者　和　田　　　裕

発行所　日 本 加 除 出 版 株 式 会 社

本　　　社　郵便番号 171-8516
東 京 都 豊 島 区 南 長 崎 3 丁 目 16 番 6 号
TEL　(03) 3953-5757 (代表)
　　　 (03) 3952-5759 (編集)
FAX　(03) 3953-5772
URL　www.kajo.co.jp

営 業 部　郵便番号 171-8516
東 京 都 豊 島 区 南 長 崎 3 丁 目 16 番 6 号
TEL　(03) 3953-5642
FAX　(03) 3953-2061

組版・印刷・製本　㈱アイワード